DON BOSCO

Ingrid Gnettner

# Das Morgenkreis-Spielebuch

Die schönsten Ideen für Krippe, Kita und Eltern-Kind-Gruppen

DON BOSCO

**Gerne nehmen wir Ihre Anregungen, Wünsche, Kritik oder Fragen entgegen:**
Don Bosco Medien GmbH, Sieboldstraße 11, 81669 München
Servicetelefon: 089 / 48008-341

Bibliografische Information der Deutschen Nationalbibliothek

Die Deutsche Nationalbibliothek verzeichnet diese Publikation in der Deutschen Nationalbibliografie; detaillierte bibliografische Daten sind im Internet über http://dnb.d-nb.de abrufbar.

1. Auflage 2011 / ISBN 978-3-7698-1855-0

www.donbosco-medien.de
Umschlagillustration und Gestaltung: ReclameBüro, München
Illustrationen: Eva Gnettner
Notensatz: Nikolaus Veeser
Satz: Don Bosco Kommunikation GmbH, München
Druck: Don Bosco Druck & Design, Ensdorf

Gedruckt auf umweltfreundlichem Papier

# Inhalt

Unser Kreis ist rund,
unser Tag ist bunt.
Jeder Morgen ist ganz neu.
Ich klatsch mit dir,
weil ich mich freu!

# Warum wir jeden Tag einen Morgenkreis gestalten

Kleine Kinder brauchen neben viel Zuwendung und Zeit vor allem Sicherheit und Verlässlichkeit.

Rituale können mit dazu beitragen, dass sich die Kinder bei uns in der Krippe geborgen und wohl fühlen. Damit ist eine wesentliche Voraussetzung für eine gute und kindgemäße Entwicklung geschaffen.

Eines dieser Rituale ist im Kindergarten der Morgenkreis, ein fester Bestandteil im Tageslauf, der den Kindern vertraut ist und von Wiederholungen und Variationen lebt.

Je kleiner die Kinder sind, umso wichtiger ist dieser Rahmen, in dem sie behutsam an die vielen unbekannten Situationen gewöhnt werden.

Neben all dem Neuen, das ihnen jeden Tag begegnet, das sie erleben und lernen dürfen, aber auch verarbeiten und verkraften müssen, wiederholt sich doch der Aufbau des Tages mit seinen festen Zeiten und Ritualen immer wieder. Er ist wie ein Gerüst, an dem sich die Kinder festhalten können, ein Band, das sie sicher durch den Tag mit seinen Unwägbarkeiten führt.

In unserem Morgenkreis sind wir das erste Mal am Tag alle gemeinsam versammelt, um uns zu begrüßen. Wir nehmen uns bewusst wahr und erfahren uns als Gruppe und jedes Kind als besondere Persönlichkeit in dieser Gemeinschaft.

Für den Morgenkreis gibt es kein festes Schema. Er wird in jeder Einrichtung individuell gestaltet. Er orientiert sich in Zeitpunkt und Dauer an den jeweiligen Rahmenbedingungen, an Öffnungszeiten, Bringzeiten, Brotzeit und Ruhezeit.

Gerade am Anfang sollte der Morgenkreis in seinem Aufbau jeden Tag gleich bleiben. Kinder brauchen diese Wiederholungen, um sich einzugewöhnen und ihren Platz in der neuen Umgebung zu finden.

Je mehr sich die Kleinen eingewöhnt haben, umso leichter verkraften und akzeptieren sie Variationen. Trotzdem lieben sie Wiederholungen. Und auch wenn es dem Erwachsenen manchmal schwer fällt, eine ganze Woche oder länger ein und dasselbe Lied zu singen, sollte er doch versuchen, sich immer wieder auf die Ebene der Kinder zu begeben und sich von ihrer Begeisterung anstecken zu lassen.

Wenn dieses Lied „Alle meine Entchen“ ist, das sich bei uns die Kinder immer wieder wünschen, ist das – gebe ich zu – nicht so leicht!

Jedes Kind bringt morgens andere Voraussetzungen mit: Es hat gut oder schlecht geschlafen, ist fröhlich oder müde und weinerlich, weil es vielleicht früh aufstehen musste und kaum Zeit blieb, um den Tag in Ruhe zu beginnen. Einer ist schon lange wach und konnte zu Hause noch spielen, der andere wurde geweckt und musste sich beeilen. Mag sein, dass es Krach gab, weil das Kind zu sehr trödelte und der Termindruck den Erwachsenen nervös machte.

Manche Kinder kommen ohne Frühstück in die Einrichtung und haben eigentlich zu nichts Lust, außer sich mit einem Frühstück zu stärken.

Es ist nicht einfach, allen Kindern gerecht zu werden und die unterschiedlichen Bedürfnisse zu befriedigen. Anpassung und Zurückstellen der eigenen Wünsche ist natürlich ein Lernziel in Kindertagesstätten. Aber den Kleinsten fällt das besonders schwer, und viele sind dabei auch überfordert. Hier einen Mittelweg zu finden, der die größtmögliche Zufriedenheit gewährleistet, ist die verantwortungsvolle Aufgabe der Erwachsenen.

Ausnahmen beim Ritual des Morgenkreises müssen manchmal bei Festen, Ausflügen und außergewöhnlichen Aktivitäten, die eine andere Zeitplanung brauchen, gemacht werden.

Bei aller Besonderheit eines solchen Tages sollte aber unbedingt ein kleiner Begrüßungskreis Platz haben, damit die Kinder auch – oder gerade – an diesem Tag in unserer vertrauten Gruppe ankommen können.

# Kapitel 1
# Wie der Morgenkreis gelingt

Damit unser Morgenkreis gelingt und alle mit Freude und Aufmerksamkeit dabei sind, ist es wichtig, auf die Bedürfnisse und Wünsche der Gruppe und der einzelnen Kinder einzugehen. Dringende Fragen und besondere Ereignisse (zum Beispiel der erste Schnee, der Besuch einer Oma) dürfen nicht übergangen werden, sonst sind Unruhe und Desinteresse vorprogrammiert.

Es ist die Aufgabe des Erwachsenen, den Morgenkreis so zu gestalten, dass alle – für kurze oder lange Zeit – mit Begeisterung dabei sind und sich jedes Mal schon im Voraus auf dieses Ereignis freuen.

Zwar sollte auch der Morgenkreis als Teil unseres Tagesablaufs Struktur aufweisen, aber es hat wenig Sinn, ihn strikt und ohne Offenheit für Veränderungen durchzuziehen. Beobachtung, Einfühlung und Flexibilität des Erwachsenen sind hier gefordert.

- Brauchen die Kinder eher Ruhe oder mehr Bewegung?
- Sind sie an diesem Tag unkonzentriert und nur für kurze Zeit aufnahmebereit?
- Fühlt sich jeder wirklich wohl in unserer Runde, oder braucht jemand einen Rückzugsort für sich ganz allein?

Dass wir nach einer Regenperiode beim ersten schönen Tag so bald wie möglich nach draußen gehen, ist eigentlich selbstverständlich. Genauso werden wir unseren Morgenkreis verlängern, wenn die Kinder mit großer Begeisterung mit dabei sind.

Auch die Kleinsten werden bei uns schon angeregt, sich in unsere Gruppe einzuordnen, aber wir sollten ihnen auf keinen Fall durch Zwang und Überforderung die Freude an unserer Gemeinschaft verderben und dadurch auch die Stimmung in unserer Gruppe beeinträchtigen. So ist auch der Morgenkreis, wie alle Angebote in der Kinderkrippe, freiwillig. Zeigen die Erwachsenen selbst Freude und Begeisterung, schließen sich die allermeisten Kinder, da sie von Natur aus neugierig sind, Lieder und Verse lieben und die Nähe anderer Kinder und Erwachsener suchen, gerne unserem Kreis an!

Immer wieder gibt es Kinder, die sich unser Tun lieber von außen anschauen und gerade am Anfang nicht so leicht zu motivieren sind. Sie brauchen länger, um sich in unsere Gemeinschaft einzufinden. Lassen wir ihnen die Zeit, die sie brauchen!

## Noch mal!

Kinder brauchen Wiederholungen. Nur dadurch, dass sich Abläufe und Worte, Melodien und Rhythmen wiederholen, prägen sie sich diese ein, können sie gelernt und als eigene Erfahrungen gespeichert werden. Wiederholungen festigen und erweitern den Wortschatz und tragen damit zur Entwicklung der Kommunikationsfähigkeit bei. Wiederholungen unterstützen aber auch das Selbstbewusstsein und ermutigen die Kinder, das was sie schon können, auszudrücken.

Der Erwachsene empfindet es oft als „langweilig“, jeden Morgen das gleiche Lied zu singen. Er möchte den Kindern Neues bieten und ist bisweilen enttäuscht, wenn die Kleinen sich immer wieder die bekannten Lieder wünschen. Aus Kindersicht betrachtet ist das Wiedererleben von schon einmal Gehörtem, Getanem etwas Wertvolles; sie erinnern sich, und sie nehmen selbstbewusst wahr: Ich kenne das – und ich kann das! Sie sind immer wieder ganz dabei, machen mit, weil ihnen das vertraut ist und sie sich sicher fühlen. Das erst schafft die Basis, um später Neues zu lernen.

So ist es durchaus kindgemäß und pädagogisch wichtig, wenn ein Morgenkreis über viele Tage gleich bleibt.

### Tägliche Wiederholungen

Auf jeden Fall wiederholen wir für längere Zeit das Begrüßungslied. Manchmal brauchen die Kinder erst nach Monaten (oder noch später) ein neues Lied. Es gibt Guten-Morgen-Lieder, die uns ein ganzes Jahr begleiten und von den Kindern immer noch mit der gleichen Begeisterung gesungen werden.

Es gibt allerdings Tage, an denen wir für unsere Gruppe ein besonders ruhiges Anfangslied aussuchen, und Tage, an denen wir sicher sind, dass viel Bewegung und „Austoben“ vor dem Ruhigsitzen genau das Richtige ist.

Anregungen dazu finden Sie in der „Ideen-Schatzkiste“ ab Seite 67 unter „Begrüßungslieder“.

## Wiederholungen zu den Jahresfesten

Als Erwachsene neigen wir dazu, auch bei den jährlich wiederkehrenden Festen für Abwechslung zu sorgen, aus unserem reichen Fundus an kreativen Ideen zu schöpfen und die Kinder mit Neuem zu überraschen.

Kinder erleben die Jahresfeste aber ganz anders. Sie haben eine große Strecke auf ihrem Entwicklungsweg hinter sich, sie erinnern sich manchmal an wichtige Ereignisse vor vielen Monaten, aber sie nehmen die sich wiederholenden Rituale anders wahr. Wie groß ist ihre Freude, wenn sie nach einem Jahr (was für eine lange Zeit!) einen „guten Bekannten“ wieder treffen: ein Lied oder ein kurzes Gedicht, das sie schon können, aber lange nicht mehr gesungen oder gesprochen haben.

Jedes Jahr die gleichen Nikolaus-, Advents-, Faschings-, Oster- oder sonstigen Festlieder mit neuem Leben zu erfüllen, erleichtert dem Erwachsenen, der sich darauf einlässt, die Vorbereitung. Und die Kinder werden jedes Mal mit Elan dabei sein!

## „Nichts Besonderes“

Als ich eine Kollegin fragte, ob ich beim Morgenkreis in ihrer Krippe einmal dabei sein könnte, meinte sie – erstaunt über meinen Wunsch: „Da machen wir aber nichts Besonderes!“

Bei meinem Besuch war der Kreis dann nicht nur für mich als Gast, sondern offensichtlich auch für die Kinder sehr wohl etwas „Besonderes“, etwas, auf das sich alle freuten und bei dem sie mit Begeisterung dabei waren.

Für uns Erwachsene sind Alltag und Wiederholung längst nichts Besonderes mehr, oft werden sie zur wenig beachteten Gewohnheit, und wir messen ihnen bisweilen kaum Wert bei. Dabei gibt es kaum „gleiche“ Wiederholungen, vieles verändert sich mit der Zeit, passt sich dem jeweiligen Tag, den Menschen und der gerade herrschenden Stimmung an. Der gleiche Weg, den wir gehen, ist nie derselbe, wenn wir ihn mit aufmerksamen Sinnen erleben.

Egal, wie kurz oder lang unser Morgenkreis dauert: Er sollte nie „nebenbei“ passieren und als Tagespunkt einfach „abgehakt“ werden. In manchen Einrichtungen ist dieser Kreis der einzige Zeitpunkt, an dem alle als Gruppe etwas miteinander tun. Wir sollten ihn also bewusst gestalten, uns die (kurze oder lange) Zeit dafür nehmen und dafür sorgen, dass Ablenkungen und Störungen (wie Telefongespräche, Besuche oder auch Unterbrechungen durch Kollegen) nach Möglichkeit vermieden werden. Eine gute Vorbereitung und die eigene Einstellung sind dabei wichtige Aspekte.

In unserem Morgenkreis sind wir alle „ganz da“, aufmerksam und offen – und wenn es nur für ein kleines Lied ist.

Für den raschen Überblick

### *Unser Morgenkreis soll*

- *Spaß machen*
- *die Sinne wecken*
- *neugierig machen*
- *anregen, aber nicht überfordern*
- *motivieren zum Sprechen, Singen, Bewegen*
- *die Freude an der Gemeinschaft stärken*
- *ein immer wiederkehrendes „Highlight" des Tages sein*

# Kapitel 2
# Die Vorbereitung des Morgenkreises

## Zeit für unseren Morgenkreis

Der Zeitpunkt für den Morgenkreis ist in den Einrichtungen unterschiedlich und hängt vom Tagesablauf ab und von den Zeiten, in denen die Kinder gebracht werden. Sinnvollerweise sollte er möglichst früh stattfinden, sobald alle Kinder anwesend sind. Sich erst mittags zu begrüßen und sich als Gruppe zusammenzufinden, erschwert den Kindern das Ankommen in der Gemeinschaft, auch wenn sie gleich, wenn sie gebracht worden sind, liebevoll und individuell von einem Erwachsenen begrüßt worden sind.

Je nach Tagesstruktur kann es auch sinnvoll sein, sich morgens zu einem kurzen Begrüßungskreis zu treffen und am Vormittag (zum Beispiel vor dem Mittagessen) einen Sing- und Spielkreis zu gestalten, also den traditionellen Morgenkreis zu teilen.

Ebenso hängt die Dauer des Morgenkreises von der Tagesplanung, aber auch von den Bedürfnissen der Kinder ab. Wer Hunger hat oder Zeit zum Bewegen und Spielen braucht, wird sich nur schwer auf den Morgenkreis einlassen können.

Weniger ist mehr – vor allem am Anfang! Ein Kind, das sich an einen zu langen Morgenkreis erinnert, wird sich kaum auf den nächsten freuen.

## Der Platz, an dem wir uns treffen

Ideal ist es, wenn wir nicht zu lange umräumen müssen, um einen Platz für unseren Morgenkreis zu schaffen.

Die Kuschelecke (wenn sie groß genug ist für alle), ein Teppich in der freien Mitte des Raumes oder auch ein gemütlicher Platz im angrenzenden Schlafraum sind gut dafür geeignet.

Während im Kindergarten meist ein Stuhlkreis aufgestellt wird, passen feste Sitzkissen für die Kleinen besser. Sie sind in ihren Bewegungsmöglichkeiten nicht so eingeschränkt, können die Körperstellung wechseln und zum Beispiel auch auf dem Bauch liegen.

(Ein Stuhlkreis ist in der Kinderkrippe nur dann angebracht, wenn ausnahmsweise einmal die Bewegung bewusst eingeschränkt werden sollte: wenn wir beispielsweise eine brennende Kerze (in der Adventszeit) herumreichen oder wenn eine Mitte gestaltet ist, die aufmerksam betrachtet, aber auf keinen Fall berührt werden soll.)

Die Kinder können beim Vorbereiten mithelfen, vor allem, wenn jeder sein eigenes Kissen hat. Einen großen Kreis zu legen ist allerdings für Kinder schwierig. Sie brauchen dabei die Unterstützung des Erwachsenen oder optische Begrenzungen. So kann ein mit einem Seil gelegter Kreis, um den die Kissen angeordnet werden, hilfreich sein.

In einer meiner Gruppen hatten wir einen großen runden Teppich, an dessen Rand sich die Kinder mit ihren Sitzplätzen selbständig orientieren konnten.

# Aufräumen – oder auch nicht

Oft findet nach dem Morgenkreis die gemeinsame Brotzeit statt, oder wir gehen im Anschluss – vor allem in der Sommerzeit – gleich in den Garten. In diesen Fällen ist das Aufräumen sicher angebracht, bevor wir uns zusammensetzen.

In manchen Gruppen wird das Freispiel für einen Morgenkreis unterbrochen, und die Kinder spielen danach weiter.

Jeder Erwachsene muss selbst entscheiden, was für seine Gruppe das Richtige ist:

- Sollte grundsätzlich immer aufgeräumt werden, bevor wir etwas Neues beginnen?
- Verunsichert es unsere Gruppe, wenn wir Aufräumen nicht als Ritual, sondern als variabel sehen?
- Werden andererseits die Kinder enttäuscht, wenn sie ihr Spiel nicht nur unterbrechen, sondern durch das Aufräumen beenden müssen? Gerade bei „Baustellen" sollte man diese Überlegungen mit einbeziehen.

Je nach Situation und Eigenheiten unserer Gruppe werden wir uns von diesen Fragen leiten lassen:

- Ist nach dem Morgenkreis wieder Freispielzeit und können die Kinder unmittelbar danach weiterspielen?
- Tun sie das im Normalfall auch, oder ist das Spielzeug von „vorher" nach der Unterbrechung gar nicht mehr interessant?
- Ist danach etwas anderes geplant (Brotzeit, Gartenzeit, gezieltes Angebot) und das Aufräumen sollte vorher erledigt sein?
- Ist Aufräumen ohnehin ein schwieriges Thema, und wir wollen durch ein strenges, immer gleiches Ritual und die zeitliche Struktur (Aufräumen nach dem Spielen) Klarheit schaffen?
- Lenkt das unaufgeräumte Spielzeug von unserem Morgenkreis ab? (Chaos wirkt gegen die Konzentration!)

Haben wir uns für das Aufräumen entschieden, sollten wir es – und das gilt immer, nicht nur vor dem Morgenkreis! – unbedingt vorher ankündigen. Entweder sprechen wir die Kinder direkt an („Wir spielen jetzt nur noch ein kleines bisschen, dann räumen wir auf“) und versichern uns, dass diesen Hinweis auch alle gehört haben. Oder wir kündigen mit einem akustischen Zeichen (z. B. Glockenspiel, Triangel) an, dass die Spielzeit zu Ende geht. So können sich die Kinder darauf einstellen, dass die Zeit begrenzt ist und ein anderes Angebot auf dem Plan steht.

Mit der Zeit werden die Kinder bereitwilliger ihr Spiel unterbrechen, vor allem, wenn sie sich auf den Morgenkreis freuen. Die Art, wie die Erwachsenen das Aufräumen und die Hinführung zum Morgenkreis gestalten, die eigene Freude und Begeisterung, kann die Kinder motivieren.

Die eigentliche Aufforderung zum Aufräumen kann durch einen einfachen Spruch oder einen kurzen Liedruf erfolgen, zum Beispiel:

*Klatsch ich in die Hände,*
*ist das Spiel zu Ende.*
*Und jeder weiß:*
*wir treffen uns im Kreis.*

Text und Musik: Ingrid Gnettner

Genauso kann der Erwachsene mit dem Instrument, das er schon für die Vorankündigung verwendet hat, spielend durch die Gruppe gehen und dabei die Kinder zum Aufräumen anregen.

Beim Aufräumen helfen die Erwachsenen mit. Sie räumen nicht *für* die Kinder auf, aber *mit* ihnen. Allein sind die Kleinen in den meisten Fällen überfordert.

Mit einer Bitte („Kannst du bitte das Auto unterm Tisch holen? Ich bin viel zu groß!“) oder einem Spiel („Ich kaufe alle Bauklötze! Wer bringt mir welche?“), bei dem der Erwachsene die Kiste hält und die Kinder die Spielsachen einladen, werden die meisten Kinder immer motiviert, und das Aufräumen gelingt manchmal erstaunlich schnell und macht allen Spaß!

## Die Kinder sammeln

Vielleicht setzen sich die Kinder nach dem Aufräumen gleich gespannt und voller Vorfreude an den vorbereiteten Platz.

Es kann aber auch sein, dass wir sie (oder zumindest ein paar „Nachzügler“) abholen müssen. Auch dafür bieten sich verschieden Möglichkeiten an:

- Wir gehen als Schlange durch den Raum, und wenn sich auch der letzte angehängt hat, kann der Morgenkreis beginnen. Dazu singen wir das Lied: „Wir machen eine Schlange“, S. 21.
- Eine Handpuppe oder ein Tier spricht die Kinder direkt an und lädt sie zum Dabeisein ein.
- Ein Erwachsener „ruft“ vom Morgenkreis-Platz aus die Kinder heran; er zupft einige Akkorde auf der Gitarre, spielt eine kleine Melodie auf der Flöte oder entlockt der Trommel ein paar Rhythmen. Von Musik lassen sich Kinder normalerweise nicht lange bitten. Sie übt eine große Anziehungskraft auf Kleine und Große aus, und so folgen die allermeisten Kinder dieser unausgesprochenen, klingenden Einladung zum Morgenkreis.

Text und Musik: Ingrid Gnettner

# Kapitel 3
# Bausteine für unseren Morgenkreis

So wie wir beim Bauen manchmal nur wenige Steine oder Klötze verwenden wollen oder können und nicht alles Material für unsere Vorstellungen brauchen, so können wir auch im Morgenkreis mit Wenigem etwas Schönes gestalten.

Zwar erwähne ich hier viele Möglichkeiten, die unseren Morgenkreis bereichern können, doch es sollte immer gelten:

***Weniger ist meist mehr!***

Eine kurze Begrüßung mit einem Lied, das jeden Tag begeistert wiederholt wird, ist kindgemäßer und damit sinnvoller als ein langer, „zäher“ und unruhiger Morgenkreis, bei dem die meisten hoffen, dass er bald zu Ende ist.

Da es aber immer wieder Kinder (und Gruppen) gibt, die schier unersättlich alle Anregungen aufnehmen, die man ihnen anbietet, kann die Zeit für unseren Kreis auch ausgedehnt werden.

Diejenigen, die nicht so viel Ausdauer haben, können dann entscheiden, ob sie mit uns weiter gemeinsam singen und erzählen wollen oder ob sie lieber alleine spielen (ohne uns aber bei unserem Kreis zu stören).

## Begrüßung

Zu unserem Morgenkreis gehört auf jeden Fall ein Begrüßungslied. Es gibt Lieder, bei denen die Kinder einzeln beim Namen genannt werden und spüren, dass genau sie gemeint sind, von allen wahrgenommen werden und bei uns willkommen sind. Gut geeignet ist z. B. das Lied „Guten Morgen, liebe Lisa“, nach der Melodie von „Bruder Jakob“.

Wir wiederholen das Lied so lange, bis alle Kinder und Erwachsenen namentlich begrüßt sind.

*Guten Morgen, liebe Lisa, lieber Jan, liebe Anna.*
*Schön, dass ihr heut da seid, schön, dass ihr heut da seid!*
*Seid bei uns willkommen. Seid bei uns willkommen!*

Manchmal wünschen sich meine Kinder auch, dass ich sie – nach der gleichen Melodie – „aufwecke“. Dazu kuscheln sich alle auf den Boden oder auf ihr Kissen und schließen vielleicht sogar die Augen. Nach der Reihe werden alle Kinder „geweckt“:

*Liebe Lisa, liebe Lisa,*
*schläfst du noch, schläfst du noch?*
*Es ist ja schon Morgen, es ist ja schon Morgen,*
*wach doch auf, wach doch auf!*

Das angesprochene Kind setzt sich auf und singt mit für das nächste Kind, bis alle wach bei uns im Kreis sitzen.
Weitere Beispiele für namentliche Begrüßungslieder finden Sie in der „Ideen-Schatzkiste“ auf Seite 67.

Ebenso lieben die Kinder Guten-Morgen-Lieder, bei denen die Bewegung eine große Rolle spielt.

## Lied: Mit Händen und mit Füßen

Text und Musik: Ingrid Gnettner

Nach solch einem „bewegten“ Anfang sollten wir trotzdem unbedingt jedem Kind eigens Beachtung schenken, zum Beispiel in dieser Weise:

- Der Erwachsene sagt zu jedem Kind im Kreis „Guten Morgen, ... (Anna)“, vielleicht ergänzt er noch: „Schön, dass du heute da bist!“ oder „Hast du heute Nacht gut geschlafen?“ oder „Du hast ja ein Pflaster! Was ist denn da passiert?“ Kleine Gespräche haben bei dieser namentlichen Begrüßungsrunde immer Platz. Auch auf Besonderheiten, die sich schon am Morgen ergeben haben, gehen wir ein.
- Der Erwachsene fragt: „Ist der Paul heute da?“ Die Kinder bejahen und zeigen auf das jeweilige Kind. Oder: „Habt ihr die Lisa schon gesehen?“ Auch die Kinder, die nicht da sind, werden erwähnt, wenn wir den Grund für die Abwesen-

heit wissen, können wir auch erklären: „Der Tom muss heute zum Arzt, weil er immer solchen Husten hat" oder „Lina ist heute bei ihrer Oma".
- Der Erwachsene geht auf das Aussehen der Kinder ein und fragt: „Wer hat denn heute eine rote Hose an?" oder „Auf wessen Pullover seht ihr einen Bären?" Die Kinder nennen bei dieser Wahrnehmungsübung, die dazu anregt, genau hinzusehen, den Namen des jeweils bezeichneten Kindes.
- Der Erwachsene begrüßt ein Kind: „Guten Morgen, Moritz!" und fragt, wen er nun begrüßen will. Moritz sucht sich einen Kameraden aus und begrüßt ihn. Das Spiel geht weiter, bis alle (auch die Erwachsenen!) begrüßt sind.

Eine ganze Reihe von Spielen und Versen für einen guten Morgen finden Sie in dem Buch „Mit Händen und mit Füßen will ich den Tag begrüßen" (Don Bosco Verlag, München 2010).

# Musik

## Lieder

Kinder singen gerne. Singen ist Ausdruck ihrer Lebensfreude und Lebendigkeit. Und: Singen ist ganzheitliche Förderung in spielerischer Weise. Deshalb ist im Morgenkreis – aber auch sonst während des Tages – viel Platz für Lieder:

- für das Begrüßungslied
- für Lieder zu Themen aus dem Jahreskreis und zu den Jahreszeiten
- für Lieder zu den Jahresfesten (zum Beispiel Martins- und Adventslieder)
- für Wunsch- und Lieblingslieder

Neben den überlieferten Kinderliedern, die nach wie vor nichts an ihrer Beliebtheit und Bedeutung verloren haben und die über Generationen hinweg miteinander gesungen werden können („Alle meine Entchen", „Summ, summ, summ", „Hoppe, hoppe, Reiter", „Kuckuck, Kuckuck" und viele mehr), gibt es viele neue Kinderlieder, die längst ihren Platz im Repertoire von Tagesstätten (und in den Herzen der Kinder) erobert haben.

## Spielen mit Instrumenten

Zu vielen Liedern spielen wir begleitend mit Instrumenten. Oft ist es am Anfang die Gitarre des Erwachsenen, deren Akkorde das Einüben eines Liedes erleichtern und die Melodie unterstützen. Später, wenn die meisten Kinder das Lied gut können, nehmen wir einfache Rhythmusinstrumente dazu, vor allem Rasseln, Glockenstäbe und Klanghölzer. Verwenden wir sie schon frühzeitig, werden die Kinder kaum mitsingen, da sie sich dann nur auf die Instrumente konzentrieren.

Im Morgenkreis stellen wir auch neue Instrumente vor, die dann von jedem ausprobiert werden können, bevor wir sie zu einem späteren Zeitpunkt ins Spiel mit einbinden.

Ebenso haben rhythmische Übungen (auch unabhängig von Liedern) hier ihren Platz: etwa das Spiel auf der Trommel oder Experimente mit den Klanghölzern.

## Gespräche

Manche Kinder haben jeden Morgen etwas zu erzählen. Andere wieder trauen sich nicht, im Kreis vor allen etwas zu sagen.

Diese Scheu verlieren die Kinder oft, wenn ein Gesprächskreis zur guten Gewohnheit wird.

Wir geben dabei einen Stab oder einen anderen kleinen Gegenstand von einem zum anderen. Besonders gut eignet sich auch ein kleiner Filzball, der eher zum Fühlen als zum Werfen animiert.

Derjenige, der den Stab hält, darf erzählen, die anderen hören zu. Anfangs kann man von den Kleinen noch nicht erwarten, dass diese Regel funktioniert.

Aber nach und nach wachsen sie in die Achtsamkeit beim Reden und Zuhören hinein.

Wer nichts sagen möchte, gibt den Gegenstand einfach an seinen Nachbarn weiter. Auch das ist in Ordnung, und das Kind ist durch sein (stummes) Agieren doch Teil unseres Gesprächskreises.

Diese freien Erzählrunden sind vor allem nach dem Wochenende beliebt.

Beschäftigen wir uns intensiver mit einem bestimmten Thema (zum Beispiel einer Jahreszeit), trägt jeder nach Möglichkeit etwas zu diesem Thema bei. Auch diese Einschränkung ist anfangs für die Kinder nicht einfach. Immer wieder wird jemand Dinge, die absolut nicht dazu gehören, erzählen – für ein Kind kann es aber sehr dringend sein, darüber zu reden! Deshalb haben diese „Umwege" jederzeit ihre Berechtigung, denn in erster Linie geht es um die Ermutigung zum Sprechen! Viel zu schnell kann man ein Kind nachhaltig verunsichern, wenn man es mit einem (alles andere als einfühlsamen) „Das gehört aber jetzt gar nicht dazu!" unterbricht.

## Ein Blick auf das Wetter

In manchen Kindergärten wird jeden Morgen der Tageskalender gemeinsam neu eingestellt und manchmal auch eine Wetteruhr aktualisiert.

In der Kinderkrippe werden wir abwägen, ob es die Kinder überfordert, wenn wir uns Tag für Tag diesem Thema zuwenden. Vielleicht entwickelt sich aber auch aus dem Blick nach draußen ein Ritual, auf das sich die Kleinen freuen und das auf keinen Fall ausgelassen werden darf.

Natürlich ist auch der Alltag in unserer Gruppe vom Wetter geprägt. Wir versuchen, bei (fast) jeder Witterung nach draußen zu gehen, um bei Sonne, Wind, Regen und Schnee die unendlichen Spiel- und Erfahrungsmöglichkeiten im Freien zu nützen.

Besser als eine Uhr, bei der ein Zeiger auf ein bestimmtes Wettersymbol zeigt (z. B. Sonne oder Regen), ist sicher eine Tafel, auf der verschiedene einfache Symbole befestigt werden können (z. B. mit Magneten oder mit Klettband): Sonne, Regen, Schnee, Eis, Nebel, Wind, Wolken, Blitz, Donner, Sturm ...

So können auch im Lauf des Tages Symbole ergänzt oder ausgetauscht werden: Wenn nach dem morgendlichen Nebel die Sonne herauskommt und später Wolken aufziehen, wenn im Frühling Schneegestöber, Sonne und Wind wechseln oder sich nach einem Gewitter der Himmel klärt.

Eine besonders einfache Möglichkeit ist eine „Wetterleine", bei der eine Schnur oder Kordel an der Wand gespannt und die Symbolkärtchen mit Wäscheklammern befestigt werden.

Oft genügt es aber auch, nach dem Blick aus dem Fenster und einem kurzen Gespräch über das Wetter mit den Kindern einen der „Wetterverse" zu sprechen. Viele Beispiele für solche kleinen Verse finden Sie in der „Ideen-Schatzkiste" auf Seite 67.

## Fingerspiele, Verse und Gedichte

Genauso beliebt wie einfache Lieder sind bei Kindern Fingerspiele. Die meisten sind zum Mitmachen gedacht, mit einfachen, einprägsamen und oft witzigen Texten. Bewegung und Sprache sind miteinander verbunden und erleichtern das Lernen, das gerade für die Kleinsten immer ein Be-greifen ist.

Kleine Kinder sehen und hören aber auch begeistert zu, wenn ein Erwachsener längere und schwierigere „Geschichten" für sie erzählt und mit Gesten untermalt. Sie übernehmen einzelne Teile, machen die Bewegungen nach und sind aufmerksam, ja fasziniert dabei.

Kleine Verse (oft zu Wetter-Themen) eignen sich gut zum Einprägen und Wiederholen. In unserer Gruppe sprechen wir sie oft im Morgenkreis, vor dem Essen oder bevor wir nach draußen gehen.

Gedichte sind besondere kleine Geschichten zum Zuhören. Sie sind oft gereimt und heben sich meist von der Alltagssprache auch durch ihren Rhythmus und die Wortwahl ab. Auch wenn sie so lang sind, dass sie von den Kleinen noch nicht im Gedächtnis behalten werden können, merken sich die Kinder doch einzelne Teile, manchmal nur Wörter, die sie ansprechen. Sie begegnen der Sprache als etwas, was nicht nur für den Alltag hilfreich und notwendig ist, sondern als etwas, was Freude macht und ganz und gar nicht „alltäglich" und nur zweckgebunden sein muss.

Besonders die Gedichte von Josef Guggenmoos sind es wert, den Kindern nahe gebracht zu werden.
Mehr dazu lesen Sie in der „Ideen-Schatzkiste" auf Seite 67.[1]

## Bilderbücher und Geschichten

Manche Bilderbücher eignen sich für den Morgenkreis, andere sind eher mit einer kleinen Gruppe oder einzelnen Kindern zu betrachten, vorzulesen und zu erzählen.

Die Vorbereitung des Platzes muss besonders gut geplant werden, damit alle Kinder genug sehen und keine Unruhe entsteht, weil Kinder näher kommen wollen, um das Bild genauer zu betrachten und auf etwas zu zeigen.

Kurze Geschichten eignen sich gut zum Vorlesen, längere sollten gekürzt und erzählt werden. Viele Kinder verbinden Geschichten immer mit Bildern, und sie müssen sich erst daran gewöhnen, dass es Erzählungen gibt, bei denen nichts

---

[1] Eine große Auswahl an neuen Fingerspielen finden Sie in meinem Buch „Mit Händen und mit Füßen will ich den Tag begrüßen", Don Bosco, München 2010.

zu sehen, aber ganz viel zu hören ist. Um die Kinder nicht durch das Titelbild des Buches abzulenken, binden wir es am Besten mit einem neutralen Papier ein.

In einer Geschichtenmappe können wir kurze Geschichten (Kopien) sammeln, die sich bereits bewährt haben. Auch Texte zu den Jahresfesten (zum Beispiel die für Krippenkinder geeignete Version der Martinsgeschichte) haben hier einen guten Platz. Solch eine Mappe erspart das Suchen in einer Vielzahl von Büchern!

Jeder Erwachsene, der mit Kindern arbeitet, wird Erfahrungen haben, welches Material und zu welcher Zeit für seine eigene Gruppe sinnvoll eingesetzt werden kann.

Eine Zusammenstellung empfehlenswerter Bilderbücher erhalten Sie beim „Arbeitskreis für Jugendliteratur e.V.“ in München.

## Spiele

Für manche Gruppen gehört ein Kreisspiel einfach zum Morgenkreis dazu.

Auch hier wird das einfühlende Verständnis für die Kinder den richtigen Weg weisen und die richtige Auswahl durch den Erwachsenen bestimmen.

Meist ist es sinnvoll, im Morgenkreis Spiele anzubieten, die schon eingeführt wurden oder die sehr einfach sind, damit nicht zu viel Unruhe durch Warten und Erklärungen entsteht.

Einfache kleine Rollenspiele ermutigen auch schüchterne Kinder, in unseren Kreis zu treten. Trotzdem sollte man es immer akzeptieren, wenn ein Kind „nur“ zuschauen will; man kann es liebevoll und geduldig auffordern, sollte es aber nie drängen.

Bei manchen Kindern dauert es lange, bis sie „auftauen“ und genügend Mut gefasst haben. Vielleicht melden sie sich aber eines Tages plötzlich als Erste, die in den Kreis möchten!

Manchmal erzählen Eltern, dass ihr Kind zu Hause alles nachsingt und -spielt, was es vormittags in der Krippe gehört hat – es war ganz und gar mit dabei, obwohl es für uns vielleicht nicht so ausgesehen hat!

## Überraschungen

Überraschungen, die sich bei uns meist unter einem Tuch verstecken, aber auch einmal in meiner Hosentasche verborgen sein können, motivieren die Kinder, sich möglichst schnell in den Kreis zu setzen und gespannt und sehr aufmerksam zu sein.

Leitet man die „Entdeckung“ mit einer Raterunde ein, erfährt man bisweilen viel über die Kinder, ihre Erfahrungen und Wünsche.

Die versteckten Dinge passen meist zu unserem aktuellen Thema (zum Beispiel Kastanien, siehe „Ein Morgenkreis im Herbst“ Seite 52).

Überraschungen gibt es nicht zu oft. Viel zu schnell verlieren sie sonst ihren Reiz oder fördern bei den Kindern sogar eine Erwartungshaltung, die nach „immer mehr“ und „immer wieder Neuem“ verlangt.

Eine Überraschung kann auch ein Kasperl oder ein Plüschtier sein, das in Zukunft ein Ritual bei uns begleiten soll.

Ebenso kann uns die Überraschung (zum Beispiel ein Apfel) auf unser Tagesthema („Wir backen heute Apfelkuchen“) hinweisen.

## Wahrnehmungsübungen

Manchmal sind Gegenstände, die die Wahrnehmung der Kinder fördern sollen, als Überraschung angeboten, ein anderes Mal liegen sie offen im Kreis oder in der Hand des Erwachsenen.

- Fundsachen, die von Kindern oder Erwachsenen mitgebracht worden sind (Steine, Federn, ein Schneckenhaus ... ) regen unsere Sinne an, aber auch

Früchte, Kräuter und Blumen aus dem Garten. Wir sehen genauer hin, wir hören nicht nur, sondern lauschen, wir riechen und „schnuppern“, wir schmecken und genießen.

- Ein alltäglicher Stein wird in unserer Runde zum Edelstein, das Blätterrascheln oder der lange dauernde Ton eines Metallstabes faszinieren und lassen uns ganz leise werden, Blüten duften und ein Stück von dem Apfel, den wir im Garten gepflückt haben, ist nicht einfach nur Nahrungsmittel, sondern plötzlich eine Delikatesse.
- Ein Foto oder eine Ansichtskarte aus dem Urlaub (die ein Kind oder eine Kollegin geschickt hat) kann unsere Augen auf eine Entdeckungsreise mitnehmen.

Meist entstehen dabei Gespräche, die nicht unbedingt immer da hinführen, wohin wir Großen uns das vorstellen. Aber am Wichtigsten ist es, die Kinder zum Sprechen zu motivieren und ihnen dadurch mit Freude Übung und Lernen zu ermöglichen.

# Kapitel 4
# Praktische Anregungen für die Gestaltung

# Alltag in der Kinderkrippe

Nur Erwachsene bezeichnen den Alltag manchmal als „grau“ und „eintönig“ – für Kinder steckt er trotz allem Bekannten voller Überraschungen.

Der Erwachsene empfindet vieles als langweilige Routine, für Kinder aber sind alltägliche Dinge willkommene und vertraute Rituale.

So findet jeden Tag bei uns in der Kinderkrippe – Tag für Tag und immer wieder – ein kurzer Morgenkreis zur Begrüßung statt. Wie lange er dauert, bestimmen vor allem die Kinder mit ihren Wünschen und Bedürfnissen.

Durch Beobachtung, Einfühlung und Erfahrung wird der Erwachsene erkennen, wann es sinnvoll ist, den Kindern viel Raum für ungestörtes selbständiges Spiel zu geben. Ein langer Morgenkreis würde die Kinder nur unruhig machen – sie haben ja noch so viel vor und können es kaum erwarten, mit dem, was sie eigentlich wollen, zu beginnen!

Er wird aber auch die Zeiten im Tagesablauf sehen, in denen die Kleinen Anregungen von ihm erwarten, in denen sie aufnahmebereit sind für Lieder, Verse, Geschichten und Spiele. Dann genießen die meisten eine ausgiebige Runde mit Vertrautem und Neuem, mit Klängen und Gesten, mit Gemeinschaft und Nähe.

An manchen Tagen wird bei uns im Morgenkreis viel erzählt, über den vergangenen Tag, über das Wetter, über ein bevorstehendes Ereignis (zum Beispiel ein Fest, das ansteht). Die Impulse kommen meist von den Kindern, und fast alle wollen unbedingt auch ihren Teil in der Runde dazu beitragen.

# Ein „alltäglicher“ Morgenkreis

Wenn alle Kinder unserer Gruppe (und auch die Erwachsenen) auf ihren Plätzen im Kreis zur Ruhe gekommen sind, stimmen wir das Begrüßungslied an. Wir können dafür den Text eines bekannten Kinderliedes verändern und dabei die Namen der Kinder einsetzen.

So singen wir zur Melodie von „Alle meine Entchen“:

*Guten Morgen, Hanna, Peter und Jasmin, Carina und Tom!*
*Schön dass ihr heut da seid, hier bei uns im Kreis.*

Wir wiederholen dieses einfache Guten-Morgen-Lied so lange, bis alle Kinder und auch die „Großen“ namentlich begrüßt sind.
Bei längeren Namen oder zum Schluss variieren wir in Rhythmus und Text, zum Beispiel:

*Guten Morgen, Erik,*
*und auch noch der Nils.*
*Heute freun wir uns,*
*dass ihr alle da seid,*
*hier bei uns im Kreis.*

Gerade für die Kleinen ist es wichtig zu hören, dass genau s i e gemeint sind. Von „Guten Morgen, Kinder“ fühlen sich manche nicht angesprochen. Mich in meiner Gruppe wohl zu fühlen bedeutet auch: Ich merke, dass die anderen mich sehen und wahrnehmen, ich höre meinen Namen und weiß, dass mich die anderen kennen und annehmen.

Nach unserem Lied sagt der Erwachsene noch einmal für alle: „Guten Morgen, ihr Bären!“ (je nachdem, welchen Namen die Gruppe trägt). „Ich glaube aber, es sind heute gar nicht alle Bären da! Wer fehlt denn bei uns?“

Wenn die Kinder nicht alleine darauf kommen, gibt der Erwachsene Anregungen: „Der Freund von Alex ist heute nicht da. Mit wem spielst du denn so gerne Autos, Alex?“ oder „Ein Mädchen hatte gestern ganz arg Husten. Bestimmt ist sie heute zu Hause geblieben.“
Oft zählen wir auch im Kreis, wie viele Kinder da sind. Auch die Kleinsten zählen mit großer Begeisterung mit, so gut sie es schon können, und bekommen so die erste Vorstellung von Zahlennamen und ihrer Reihenfolge.

„Jetzt wissen wir, wer heute da ist und wer uns fehlt. Wollt ihr noch ein Lied singen oder ein Fingerspiel machen? Wünscht sich jemand von euch etwas?“

Besonders oft wünschen sich die Kinder erfahrungsgemäß das jeweils gerade aktuelle Lied oder das Fingerspiel von der kleinen Maus:

*So klettert hinauf die kleine Maus.*
*Klingelingeling, ist jemand zu Haus?*

*So klettert hinauf die kleine Maus.*
*Poch, poch, poch, ist jemand zu Haus?*

*So klettert hinauf die kleine Maus.*
*Krkrkr, ist jemand zu Haus?*

*Ich öffne weit, ganz weit die Tür.*
*Guten Morgen, kleine Maus!*
*Jetzt bist du bei mir!*

Wir klettern mit der rechten Hand am ausgestreckten linken Arm bis zur Schulter hinauf und zupfen uns am Ohrläppchen.
Beim zweiten Mal klopfen wir uns selbst auf die Schulter.
Beim dritten Mal kratzen wir uns an der Brust.
Wir breiten die Arme weit aus und umarmen ein anderes Kind.

Nach der zweiten oder höchstens dritten Wiederholung sagt der Erwachsene: „Die kleine Maus braucht eine Pause, weil sie ganz müde vom Klettern ist. Und ihr habt bestimmt Hunger. Sollen wir frühstücken?“
Es gibt wohl niemanden, der nicht zustimmend „Ja!“ ruft!

Zum Schluss räumen wir noch unsere Sitzkissen auf, bevor die Brotzeit beginnt.

Für den raschen Überblick

### *Ein Morgenkreis für jeden Tag*

- *Wir begrüßen uns mit einem Lied*
- *Wir nennen die Namen aller Kinder und Erwachsenen*
- *Wir erwähnen – mit dem Blick auf die ganze Gruppe – diejenigen, die heute nicht da sind*
- *Wir erfüllen Lieder-, Fingerspiel- und / oder Spiele-Wünsche der Kinder. (Wobei die Kinder manchmal unsere Anregung zum Erinnern brauchen.)*
- *Wir weisen auf das hin, was als nächstes kommt.*
- *Wir räumen gemeinsam unseren Morgenkreis-Platz auf.*

## Ein Morgenkreis mit Carlo, dem Vogel

In manchen Gruppen gibt es ein Tier – eine Handpuppe, Fingerpuppe oder ein Kuscheltier –, das die Kinder in ihrem Alltag in der Krippe begleitet, sie begrüßt, neue Spiele einführt oder auf besondere Aktivitäten hinweist.

Manchmal gibt dieses Tier auch der Gruppe ihren Namen (zum Beispiel „Bärengruppe“), oder ein vorhandener Gruppenname bestimmt die Auswahl „unseres“ Tieres.

In diesem Jahr begleitet uns der Vogel Carlo. Wie die meisten Vögel singt er gern – da passt er wunderbar zu unseren Kindern, die Musik lieben!
Hier einige Anregungen, wann unser Vogel mit bei uns sein könnte:

- zur Begrüßung
- zur Einführung eines neuen Liedes
- als „Teilnehmer“ bei einem Spiellied

Vielleicht ist Carlo (oder eben ein anderes Tier) auch grundsätzlich im Morgenkreis dabei, macht mit, erzählt, was wir an diesem Tag machen, bringt Fundsachen und Überraschungen mit oder „moderiert“ den Morgenkreis.

Unser Gruppentier sollte kein ständig verfügbares Spielmaterial für die Kinder sein. Die Besonderheit und der Reiz wären vermutlich bald verloren.
Carlo sitzt, wenn er gerade nicht in Aktion ist, bei uns erhöht (auf einem Schrank oder oben in einem Regal) und beobachtet von hier aus das Geschehen.
Er könnte sich aber auch nach jedem „Besuch“ verabschieden und bis zu seinem nächsten Auftritt seine Ruhezeit für die Kinder nicht sichtbar im Nebenraum verbringen (in einer Kiste oder Schublade).
In Ausnahmefällen darf unser Vogel aber auch für eine Zeit bei einem einzelnen Kind bleiben und mit ihm spielen:

- wenn ein Kind Geburtstag hat
- wenn ein Kind besonderen Trost braucht

Auch diese Zeit sollte aber begrenzt sein.

## Bastelanleitung Fingerpuppe Carlo

*Man braucht:* Filz in Mittelblau, Lila, Gelb, Dunkelblau und Braun, Kulleraugen zum Aufkleben

*So geht's:* Alle Teile nach der Vorlage aus Filz ausschneiden.
Die gelben Schnabel-Teile auf die mittelblauen Körper-Teile aufnähen oder -kleben. (Auf Vorder- und Rückseite achten!)
Die Schnabel-Mitte jeweils mit schwarzem Filzstift einzeichnen oder mit dunklem Faden aufnähen.
Die beiden Körper-Teile aufeinander legen und dabei die lila Schwanzfedern und den dunklen Kopf-Federnbusch an den entsprechenden Stellen dazwischen schieben. Den Vogel-Körper mit den eingeschobenen Teilen zusammen nähen bzw. –kleben. Die untere Linie bleibt offen.

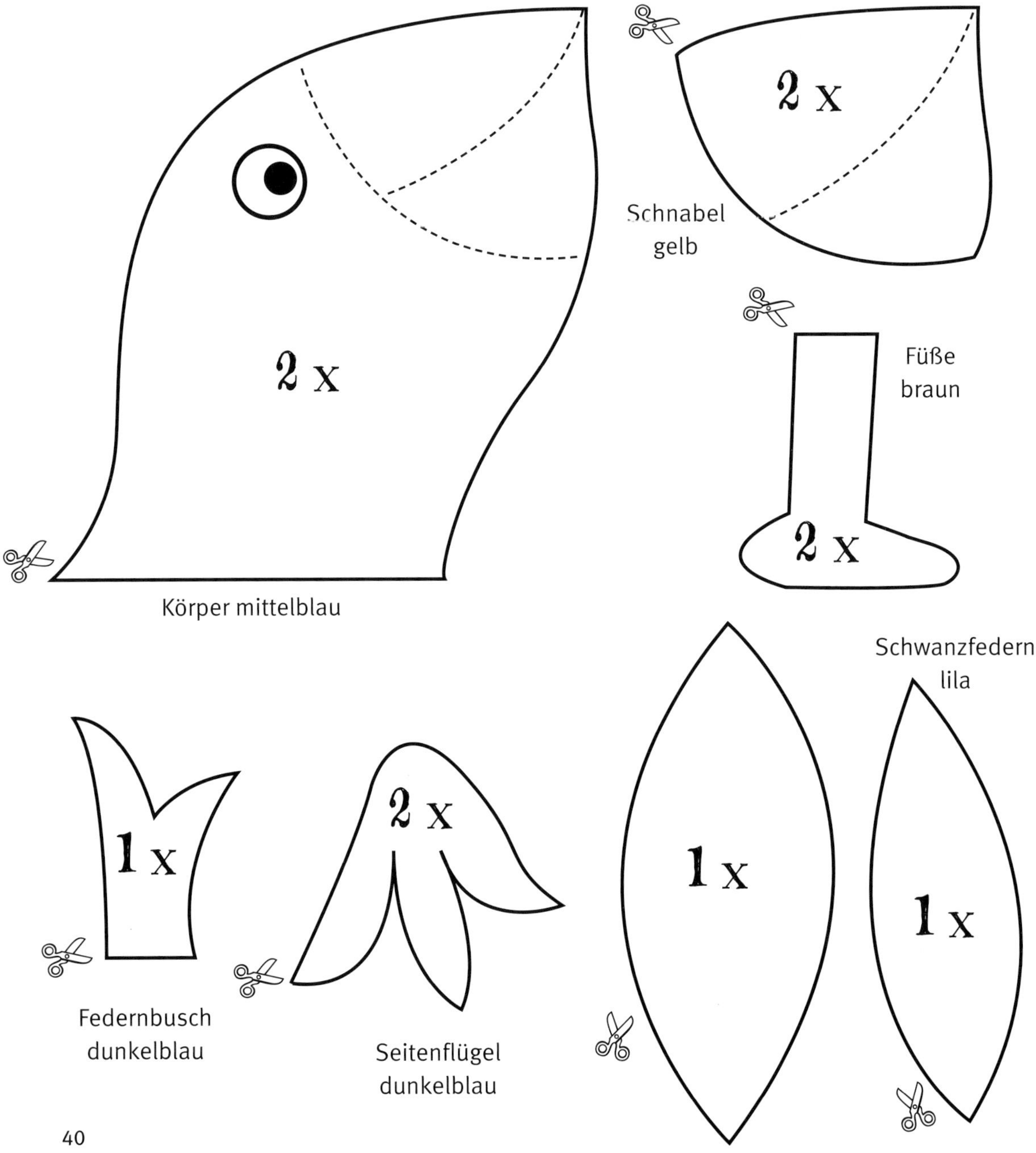
2 x
Körper mittelblau
2 x
Schnabel
gelb
2 x
Füße
braun
1 x
Federnbusch
dunkelblau
2 x
Seitenflügel
dunkelblau
1 x
Schwanzfedern
lila
1 x

Zum Schluss die Seiten-Flügel und die Kulleraugen aufkleben.
An die Körper-Innenseite unten jeweils einen Fuß kleben oder nähen.
Willkommen, Carlo!

Carlo kann auch als Geburtstagsgeschenk für ein Kind als eindimensionaler Vogel auf eine Karte geklebt werden.
Oder er dient als Begrüßungsgeschenk für jeden Neuankömmling in der Gruppe.
Als Teil eines Mobiles schmückt Carlo unseren Raum.
Wer gern bastelt und ein geschicktes Händchen hat, kann Carlo auch als Handpuppe herstellen; Anleitungen unter: www.donbosco-medien.de

## Carlo stellt sich vor

Wenn Carlo das erste Mal zu uns kommt, gestalten wir sein Erscheinen mit viel Spannung für die Kinder.
Unser Vogel sitzt unter einem Tuch versteckt in der Mitte des Kreises, oder er verbirgt sich in einem kleinen Koffer oder einer Kiste. Auch unter dem Pullover des Erwachsenen ist ein guter Platz!
Bestimmt sind die Kinder neugierig, was es hier zu entdecken gibt. Der Erwachsene fordert die Kinder auf, ganz leise zu sein – „vielleicht können wir hören, was da drinnen ist?"
Nach kurzem Lauschen meldet sich tatsächlich – zum großen Vergnügen der Kinder – Carlo zu Wort: „Lass mich raus! Ich will hier endlich raus!"
Das Geheimnis wird gelüftet: „Das ist ja ein Vogel!"
Es beginnt ein kleines Zwiegespräch zwischen Carlo und dem Erwachsenen (bei dem sich auch die Kinder einmischen), etwa so:
„Ja, wer bist denn du?"
„Ich bin der Carlo!"
„Und was machst du hier?"
„Ich wollte so gern die Kinder besuchen. Die singen immer so schön. Und das mag ich."
„Willst du ein bisschen bei uns bleiben?"
„Klaro! Singt ihr dann auch? Darf ich dann auch mitsingen?"
„Wir wollten gerade unser Guten-Morgen-Lied singen. Und natürlich darfst du mitsingen."

Damit ist Carlo das erste Mal bei unserem Morgenkreis dabei – und sehr aktiv!
Wenn wir die Kinder fragen, ob Carlo morgen wieder kommen soll, werden sicher alle begeistert zustimmen.

## Eine Begrüßungsrunde

Auch wenn viele unserer Kinder gerne Erster sein wollen, hat niemand etwas dagegen, dass Carlo bei unserer Begrüßungsrunde beginnt.

Text und Musik: Ingrid Gnettner

Der Erwachsene (mit Carlo als Handpuppe) fragt mit diesem kleinen Lied das Kind neben sich nach dem Namen. Das Kind antwortet (zum Beispiel: „Paul“ bzw. „Ich heiße Paul“), und wir singen gemeinsam weiter: „Ich heiße Paul, und wie heißt du?“ (Die Handpuppe bleibt hierbei beim Erwachsenen.) Größere und erfahrene Kinder singen „ihren“ Liedruf vielleicht auch schon alleine!

So wandert die Begrüßung in unserem Kreis herum, bis der Erwachsene (bzw. Carlo) wieder an der Reihe ist („Ich bin der Carlo, und das da ist Ingrid“). Dabei zeigt Carlo zum Schluss auf den Erwachsenen.

Der Erwachsene begrüßt noch einmal die ganze Kindergruppe: „Ich freue mich, dass ihr alle da seid. Guten Morgen!“

## Carlo führt ein neues Lied ein

Der Erwachsene erzählt den Kindern, dass Carlo sehr gern singt (schließlich ist er ja ein Vogel!) „Ob er uns wohl ein Lied mitgebracht hat? Sollen wir ihn bitten, mit uns zu singen?“ Die Kinder stimmen sicher eifrig zu. „Wer mag Carlo fragen?“

Viele Kinder, die sich sonst in der großen Gruppe nicht zu sprechen trauen, verlieren ihre Scheu, wenn sie nicht dem Erwachsenen, sondern einer Handpuppe als Gesprächspartner gegenüber stehen. So findet sich sicher schnell ein mutiges Kind, das fragt: „Hast du ein Lied dabei?“ Der Erwachsene wiederholt (und kann dabei sprachliche Ungenauigkeiten und Fehler korrigieren, ohne das Kind direkt zu verbessern): „Hast du gehört, Carlo? Der Michael hat dich gefragt, ob du für uns ein Lied dabei hast.“ Michael nickt eifrig und freut sich, als Carlo ihm antwortet: „Klaro, Michael. Warte mal – wo ist es denn?“

Carlo wühlt in einem Stapel Papier / blättert in einem Ordner / sucht an den unmöglichsten Plätzen in seiner Nähe.

Je nach Situation und Lust des Erwachsenen am Spiel können die Begegnungen mit Carlo sprachlich und szenisch ausgebaut werden.

Nach erfolgreicher Suche stellt uns Carlo den Titel vor.

Beim Singen selbst hält sich unser Vogel erst einmal zurück, da sich die Kinder sonst nicht auf das Lied konzentrieren können. Der Erwachsene wird bald merken, wie viel Carlo-Quatsch seine Gruppe verträgt, wann der Vogel Anregung und Bereicherung oder aber nur Ablenkung und Störung ist. Notfalls wird Carlo auch einmal in seinen Koffer oder auf den Schrank verbannt, damit wir in Ruhe singen können. Zuhören darf er ja immer!

Eine andere Möglichkeit, um Carlo nach einem Lied zu fragen, ist eine kurze Melodie, die wir gemeinsam singen:

Text und Musik: Ingrid Gnettner

Wenn Carlo bei uns diese Aufgabe der Liedeinführung regelmäßig übernimmt, wird dies zu einem Ritual, und die Kinder werden bald von selbst und ohne Aufforderung durch den Erwachsenen Fragen stellen: „Hast du wieder ein neues Lied dabei?“ oder „Singst du mit uns wieder das Lied vom Baum?“ Oder sie bitten einfach: „Carlo, sing mit uns!“

## Ein Spiellied mit Carlo

Bei unserem Spiellied „Wie ein kleiner Vogel“ passt Carlo besonders gut dazu. Er sitzt in seinem Nest (dem Reifen) und wartet auf das Kind, das zu ihm kommt.

Text und Musik: Ingrid Gnettner

Ein Reifen liegt in der Mitte unseres Kreises. Er kann durch Tücher oder Kissen als Nest ausgepolstert werden. (Dabei sollte man allerdings auf die Sicherheit achten: auf glattem Boden können die Kinder beim Hineinhüpfen ausrutschen!)

Das Kind, das an der Reihe ist, „fliegt“ mit ausgebreiteten Armen um den Reifen und hüpft zum Schluss in das Nest.

## Begrüßung mit anderen Handpuppen

Gerade zurückhaltende Kinder freuen sich, wenn nicht der große Erwachsene, sondern eine Handpuppe sie begrüßt, zum Beispiel der Bär oder der Hase:

Text und Musik: Ingrid Gnettner

Der Hasengruß heißt: „Guten Morgen“, sagt der Hase, „komm, ich kitzle deine Nase!“

# Der Morgenkreis im Jahreslauf

Wenn wir mit unseren Kindern den Wandel der Jahreszeiten bewusst erleben und uns dankbar und mit Freude als Teil der Schöpfung sehen, fließt die Begegnung mit unserer Umwelt auch in unseren Morgenkreis ein.

Wir greifen das auf, was den Kindern draußen im Alltag begegnet – Frühlingsboten, Blumen, Früchte, der erste Schnee und vieles mehr.

Staunen, Freude und Erleben mit allen Sinnen steht hier im Mittelpunkt. Ganzheitliche Förderung geschieht dabei spielerisch und wie nebenbei.

Ist die Jahreszeiten-Betrachtung Teil eines ausführlichen Morgenkreises, begrüßen wir uns am Anfang (meist mit einem Lied) und wenden uns dann dem Thema zu.

Haben wir uns am Morgen schon kurz gemeinsam begrüßt und treffen uns nun zum zweiten Mal im Kreis, steht das jeweilige Thema gleich im Mittelpunkt.

## Ein Morgenkreis im Frühling

Besonders gut in die Zeit zwischen Winter und Frühling passt neben dem Schneeglöckchen der gelbe Winterling. In seinem Namen trägt er noch die kalte Jahreszeit, aber seine Blüten leuchten in der Sonne und bilden in manchen Gärten kleine gelbe Teppiche.

Aus dem Garten meiner Freundin durfte ich solch einen winzigen Frühlingsboten mitnehmen. Sie hat ihn mir in einen kleinen Topf gepflanzt, und so schmückte der Winterling eine Weile unseren Frühstückstisch in der Kinderkrippe. Er wurde erst, als er anfing zu verblühen, im Garten eingesetzt, wo er sich nach und nach vermehrte und ausbreitete.

In der Mitte unseres Kreises steht das Töpfchen mit dem Winterling. Wir betrachten es, unterhalten uns über den Namen, der Erwachsene erzählt, woher die kleine Blume kommt. Wahrscheinlich ergibt sich auch ein Gespräch über die Entdeckungen der Kinder in den Gärten zu Hause. Vielleicht sprechen wir auch über die Jahreszeiten und darüber, dass wir nun den Winter nicht mehr so gern haben wollen und uns nach dem Frühling sehnen. Ein gemeinsam gesprochener Vers drückt diese Wintermüdigkeit aus:

*Du warst bei uns schon lange;*
*kannst du nicht endlich gehn?*
*Wir sagen „Tschüs, Herr Winter!*
*Wir wolln den Frühling sehn!“*

„Was ist im Frühling anders als im Winter?“, könnte die Frage sein, die das Gespräch vertieft. Oder: „Woran sehen wir, dass der Frühling kommt?“

Die Kinder haben zu Hause oder auf dem Weg zur Krippe schon erste Frühlingsboten gesehen. Durch das geöffnete Fenster hören wir die Vögel lebhaft singen, es klingt anders als das Piepsen während der kalten Winterzeit. Wir brauchen an manchen Tagen keine Handschuhe mehr, und von den Dächern tropfen die letzten Schneereste. Die Sonne wärmt, und an den Bäumen und Büschen werden die Knospen dick.

Das ganze Jahr über singen wir in unserer Gruppe sehr gerne, aber im Frühling, wenn uns die Vögel nach dem Winter von draußen her begleiten, macht es uns noch mehr Freude, und unsere Lieder passen besonders gut zur Vorfreude und dem Aufbruch in Licht und Wärme.

Text und Musik: Ingrid Gnettner

2. Der Frühling kommt, ich sehe ihn,
wenn Schneeglöckchen und Krokus blühn
in unserem Garten vor dem Haus:
es sieht so bunt und fröhlich aus!

3. Der Frühling kommt, riech ihn doch mal:
die Erde atmet, noch ganz kahl.
Bald wächst in unserem kleinen Beet
das, was man in die Erde sät.

4. Der Frühling kommt, fühl auf der Haut
die Sonne, wenn schon alles taut.
Der Wind ist lau und streichelt dich.
Der Frühling kommt – ich freue mich!

An einem sonnigen Tag machen wir nach unserem Morgenkreis einen Spaziergang, um den Frühling zu suchen. Wir spüren die Wärme auf unserer Haut, lauschen dem Vogelgezwitscher, halten Ausschau nach dem ersten Grün, das aus der Erde spitzt, und entdecken die vielen verschiedenen Knospen, die nur darauf warten, sich endlich zu entfalten.

In eine Schale mit Erde setzen wir Blumenzwiebeln und beobachten, wie aus ihnen nach einer Weile des Wartens grüne Spitzen, Knospen und schließlich Blüten wachsen. Der Duft der Hyazinthe erfüllt für kurze Zeit unseren Raum.

Aber auch ein beliebiger – anfangs kahler – Zweig mit Knospen, an dem wir das Grünen und schließlich das Entfalten kleiner Blätter bestaunen können, wird zu einem Boten des Frühlings.

Wichtiger als alle Gestaltungen und Basteleien ist gerade in dieser Zeit das Erleben in der Natur mit allen Sinnen, das Draußensein. Wir nützen die helleren und milderen Tage für ausgiebige Gartenzeiten, Spaziergänge und kleine Entdeckungsreisen vorbei an Gartenzäunen, über Wiesen und durch Parks.

Im Vorfrühling erleben wir eine Weile die Kargheit und Zurückgezogenheit der Natur und verzichten auch in unseren Räumen – nach der Weihnachtszeit voller Schmuck und Glanz und dem Fasching mit Girlanden und kunterbunten Farben – auf allzu viel Dekoration. Die ersten Primeln sollen bei uns erst Einzug halten, wenn auch die Natur draußen bereit ist für den Frühling. Den Sinnen tut es gut, wenn auch sie zur Ruhe kommen dürfen und das wenige, das uns umgibt, aufnehmen können, ohne überfordert zu werden. Umso mehr freuen sie sich auf die Fülle von Farben, Klängen und Düften, die uns vom Frühling geschenkt werden.

***Anmerkung:*** *So sehr uns die Frühlingsblumen erfreuen, müssen wir doch beachten, dass fast alle giftig sind (meist alle Teile)!*
*Sie sollten nur in für Kindern unzugänglichen Bereichen gepflanzt werden, zum Beispiel im Eingangsbereich, in dem sich die Kinder nicht selbständig aufhalten, sondern nur, wenn sie von den Eltern gebracht oder geholt werden.*
*Auch mit der Gruppe können wir diese Blumen besuchen. Da es Kinder gibt, die alles in den Mund stecken, liegt es an uns, wie viel Aufsicht wir uns und ihnen zumuten.*

## Ein Morgenkreis im Sommer

Ein grünes Tuch, dessen Ecken übereinander geschlagen sind, liegt in der Mitte unseres Kreises. Darin verborgen sind ein grüner Zwerg (zum Beispiel selbst genäht aus Filz und Schafwolle) und einige Kräuterstängel (z. B. Pfefferminze und Zitronenmelisse).

Bestimmt fragen die Kinder neugierig, was das ist und ob sie es auspacken dürfen.

Der Erwachsene lädt die Kinder zum Raten ein. Manche Vorschläge der Kinder erinnern an frühere Erfahrungen mit „Überraschungen“ („Vielleicht Kastanien?“) oder drücken heimliche Wünsche aus („Was zum Essen? Vielleicht Kekse?“).

Um die Spannung noch zu steigern, singen wir ein Lied:

Text und Musik: Ingrid Gnettner

2. Ein Stein? Ein Bär? Ein Holz?
   Vielleicht ein Stückchen Kuchen?
   Komm, zeig es doch und gib es mir,
   ich würd es gern versuchen!

3. Was ist denn wohl versteckt
   im Tuch in unserm Kreise?
   Wir sehen jetzt mal nach –
   Doch bitte ganz, ganz leise.

Langsam und vorsichtig dürfen einige Kinder nach und nach die Ecken des Tuches zur Seite schlagen, bis sich in der Mitte die Überraschung zeigt.

Nach genauem Betrachten – erst einmal nur mit den Augen, also ohne etwas anzufassen – und Überlegen, was das sein könnte, erzählt der Erwachsene, dass der kleine grüne Zwerg Dinge für uns mitgebracht hat, die in einem Garten gewachsen sind. Er gibt ein Zweiglein nach dem anderen im Kreis herum, jeder darf fühlen und riechen. Wir sprechen über die Namen der Kräuter und darüber, was man mit ihnen machen kann (einen Tee kochen, in den Salat schneiden ...). Der Erwachsene fragt: „Habt ihr auch einen Garten? Was wächst denn bei euch? Was kann man davon essen?“ In unserem Gespräch darf jeder von seinen Erfahrungen erzählen, nicht nur von Kräutern, sondern auch von Obst und Gemüse (und natürlich auch von Gras und Blumen und Bäumen).

Wer möchte, kann von den Kräutern zum Schluss noch probieren.

In den nächsten Tagen pflanzen wir in ein schon vorbereitetes Beet oder in große Blumentöpfe verschiedene Kräuter. Aus Pfefferminze und Zitronenmelisse kochen wir ab und zu Tee (auch als Mischung schmecken diese beiden Kräuter ausgezeichnet!), Borretsch, Kapuzinerkresse und Schnittlauch schmecken uns klein geschnitten auf Butterbrot oder im Salat. Zusammen mit Ringelblumen und Dost geben die Kräuter wunderschöne duftende Blumensträuße für unseren Tisch.

Der kleine grüne Zwerg kann uns immer wieder einmal besuchen: Er bringt uns Blumen oder Früchte mit und im Herbst all die Geschenke, mit denen wir spielen und bauen können, wie Kastanien, Eicheln und bunte Blätter. Wahrscheinlich macht er genauso wie manche Tiere und die Bäume in der kalten Jahreszeit Winterschlaf.

## Ein Morgenkreis im Herbst

In der Mitte unseres Kreises steht, zugedeckt mit einem Tuch, ein Körbchen mit „Igelkastanien“ (Kastanien mit Stachelhüllen).

„Heute müssen wir ganz besonders vorsichtig unter das Tuch greifen“, erklärt der Erwachsene und fordert die Kinder zum achtsamen Tasten auf. Warum wohl? Auf diese Frage, die wahrscheinlich eines der Kinder stellt, kommen sicher auch gleich Antworten: Vielleicht ist etwas Zerbrechliches versteckt? Machen wir vielleicht etwas kaputt, wenn wir zu fest hineingreifen?

Sinnvoll ist es, nicht gerade bei dem empfindlichsten Kind anzufangen, das erschrecken könnte, wenn die spitzen Stacheln pieksen. Am besten fragen wir: „Wer traut sich, unter das Tuch zu fassen? Wer ist schon ganz gespannt?“

Hat der erste Mutige seine Erfahrung mit „Aua!“ oder „Da ist ja was Spitzes drin!“ kommentiert, sind die meisten Kinder sicher neugierig geworden. Da jedes „Aua“ mit Spannung und Gelächter begleitet wird, manchmal auch mit Bemerkungen wie „Hat dich etwas gebissen?“ oder „Vielleicht ist da ein Nagel!“, ist die Scheu bei den allermeisten bald verflogen.

Der Erwachsene geht mit dem Körbchen von einem Kind zum nächsten und lässt jedes fühlen. (Wenn wir das Körbchen nur weiterreichen, ist die Versuchung zu groß, das Tuch und damit das Geheimnis zu lüften, sobald man an der Reihe ist.)

Immer wieder darf natürlich geraten werden, wer oder was da so stachelig im Verborgenen liegt. Erst wenn alle Kinder im Kreis die Möglichkeit des Tasterlebnisses hatten, wird das Tuch hochgehoben und der Inhalt gezeigt.

Ganz anders ist nun das Fühlen, wenn die Augen mit dabei sind, und bald wird die erste Igelschale geöffnet, um darin die frischen, glatten Kastanien zu finden. Jeder möchte sie natürlich in die Hand nehmen, braun und glatt und glänzend wandern sie von einem Kind zum anderen. Dazu können wir nach der Melodie von „Taler, Taler, du musst wandern“ singen:

*Kastanie, Kastanie, du darfst wandern*
*von dem einen Kind zum andern.*
*O wie glatt, o wie schön,*
*Kastanie, du darfst weiter gehn.*

Gerade wenn Kinder die Kastanien (verständlicherweise!) am liebsten in der Hand behalten wollen, hilft dieses Lied, sie doch an den Nachbarn weiter zu reichen.

In einem kurzen Gespräch (das wir je nach „Geduld" der Kinder auch auf den nächsten Tag verschieben können) überlegen wir, woher die „Igel" kommen und wo sie wachsen. Haben wir einen Kastanienbaum in unserem Garten oder in der Nähe, ist uns das alles sicher vertraut.

Als Verbindung zwischen dem Baum und seinen „Igeln" schließen wir ein kurzes Fingerspiel an:

*Grüner Igel fällt vom Baum,*
*piekst mich in den Finger.*
*Zeig mir, was ist innen drin?*
*Glatte braune Dinger!*

*Christa Wißkirchen*

Wächst in der Nähe unserer Kinderkrippe ein Kastanienbaum, ist es schön, ihn nicht nur zur „Erntezeit" zu besuchen, sondern das ganze Jahr über immer wieder einmal bei ihm vorbei zu schauen. Kein anderer Baum bei uns hat so eindrucksvolle Blüten und so große Blätter, bei keinem sonst können wir so deutlich die Verwandlung von der Knospe zur Blüte und zum (besonders großen und für Spiele so gut geeigneten) Samen erleben.

Die Möglichkeit der zweiten Wahl bietet ein gutes Naturkundebuch, auch wenn es das direkte Erleben nie ersetzen kann.

An den folgenden Tagen, an denen wir im Morgenkreis unser Kastanien-Fingerspiel wiederholen und auch noch einmal eine Kastanie mit dem Lied auf die „Wanderschaft“ schicken, begleitet uns die Beschäftigung mit Kastanien weiter:

- Wir pflanzen eine Kastanie in den Garten oder in einen großen Blumentopf. Erst im nächsten Frühjahr werden wir das Wachsen beobachten können. Auch unsere Neugierde darf in den nächsten Monaten „Winterschlaf“ halten.
- Bringen die Kinder viele Kastanien mit, schütten wir sie in eine Kiste, Wanne oder einen stabilen Karton. Ein „Kastanienbad“ macht den meisten Kindern riesigen Spaß!
- Durch ein Papprohr (Versandrohr) lassen wir Kastanien in eine Schüssel kullern. (Richten wir das Rohr auf das Kind im Kastanienbad, wird daraus eine „Kastaniendusche“. Allerdings mögen das nicht alle Kinder.)
- Gerade die Größeren lieben das Auffädeln. Geschickte Kinder können (wegen der Verletzungsgefahr nur unter Aufsicht!) selbst Löcher mit dem Nagelbohrer in die Kastanien bohren. Dann werden die großen braunen „Perlen“ mit einer dicken stumpfen Nadel auf eine Schnur gefädelt. Jeder, der mag, kann für sich eine eigene Kette herstellen.
- Gemeinsam (abwechselnd) fädeln wir eine lange Schlange als Dekoration für den Gruppenraum.

***Anmerkung:*** *Kastanien sind schwach giftig. Es wäre aber schade, wenn wir aus diesem Grund auf dieses wunderbare und vielseitige Material verzichten würden. Bei den Kleinen, die noch alles in den Mund stecken, sollten wir jedoch besonders aufpassen und aufgeplatzte Kastanien sofort aussortieren!*

Frische Kastanien, die in einem Korb oder Karton dicht beieinander liegen, schimmeln leicht. So schön es ist, die glatten, glänzenden Dinger zu spüren: Wollen wir sie länger zum Spielen behalten, sollten wir sie ausgebreitet trocknen lassen.

Das Thema „Kastanienigel“ kann sich auch zum Thema „Igel“ erweitern. Zum Beispiel:

- Bilderbücher und Sachbücher betrachten
- Igelkörper aus Quarkölteig formen und mit Mandelsplittern spicken, Rosinen als Augen
- Nicht essbare Igel aus Knetmasse formen und Streichholzstücke als Stacheln hineinstecken.

## Ein Morgenkreis im Winter

Der erste Schnee ist nicht nur für die meisten Kinder, sondern auch für manche Erwachsene nach wie vor ein Wunder. Wenn dicke weiße Flocken fallen, schauen wir staunend in den Himmel, und zumindest die Kinder hoffen, dass schon dieser Schnee liegen bleiben möge!

An diesem Morgen singen wir im Kreis zum ersten Mal in diesem Jahr (aber später sicher noch sehr oft):

Text und Musik: Ingrid Gnettner

Wenn Tage oder auch erst Wochen später der Boden tief verschneit ist, können wir die weiße Pracht auch in der Mitte unseres Morgenkreises erleben:

Wir füllen eine große Schüssel voll mit frisch gefallenem Schnee und stellen sie auf den Boden.
Nach einem Schnee- und Winterlied reichen wir die Schüssel im Kreis herum. Wer mag hineinfassen? Wie fühlt sich der Schnee an?
Sicher ist der Schneeberg nach einer Runde Kinderhände schon kleiner und „weniger“ geworden: Das lockere Weiß ist zusammengedrückt und fester geworden.

Zu den weichen Flocken passt unser Schnee-Vers, den manche Kinder sicher bald selbständig sprechen können:

*Der Schnee, der Schnee,*
*der tut uns gar nicht weh,*
*weil er ganz sanft hernieder fällt*
*als weiche Decke für die Welt.*

Kann sein, dass sich die Kinder sehnlichst neuen Schnee wünschen und unbedingt noch ein Lied dazu singen wollen. Die Volksweise „Schneeflöckchen, Weißröckchen“ mögen die allermeisten Kinder gern.

Die Schüssel bleibt den ganzen Tag bei uns im warmen Zimmer stehen. Immer wieder schauen Kinder nach, was mit dem Schnee passiert: Der Berg wird immer kleiner, steht schließlich in einer Pfütze, bis er als Klumpen im Nassen liegt und schließlich ganz im Wasser verschwunden ist. Erstaunlich wenig ist von dem großen weißen Haufen übrig geblieben!

„Hol noch mal Schnee rein!“, bitten dann die Kinder meist. Wir wiederholen dieses spannende Experiment an den folgenden Tagen noch oft.

Wichtiger als alles Erzählen und Singen über den Schnee ist natürlich das Erleben draußen: Das anstrengende Stapfen durch den hohen Schnee, das Bauen mit dem wunderbaren kostenlosen Material, das uns der Winter schenkt, das Fangen von Schneeflocken mit der Hand, in der sie sofort schmelzen, ohne dass wir sie lange betrachten können.

# Ein Morgenkreis im Garten

In der Sommerzeit, wenn es morgens schon warm ist, gehen wir manchmal gleich in den Garten und ziehen uns dann am Vormittag in die Kühle des Hauses zurück.
Auch Morgenkreis und Brotzeit finden dann im Freien statt.

Draußen sind wir eher abgelenkt als im Raum: von den vorbeifahrenden Autos, von Flugzeugen, die über unsere Köpfe fliegen, von der Katze, die über die Wiese schleicht, vom Gespräch der Nachbarn im angrenzenden Garten, von kleinen Käfern und Ameisen, die sich einen Platz auf den Beinen der Kinder suchen.

Dies alles (und noch viel mehr) kann unseren Morgenkreis im Garten unruhig machen.

Andererseits ist es besonders schön, wenn wir unser Begrüßungslied auch für die Vögel singen.

Wir können davor lauschen, ob wir jemand in den Bäumen zwitschern oder piepsen hören – ist es eine Aufforderung an uns? Genauso hören wir vielleicht danach, ob sich die Vögel für unseren Gesang bedanken!

Unser Morgengruß nach der Melodie von „Bruder Jakob" (s. Seite 23 f unter „Begrüßung") beginnt oder endet dann mit der Strophe:

*Lieber Garten, liebe Wiese, lieber Baum, liebes Gras*
*Und ihr schönen Blumen, dass ihr alle da seid,*
*freut uns sehr, freut uns sehr.*

In einem nur kurzen Morgenkreis (da sich die Kleinen draußen vor allem bewegen wollen und sollen) beziehen wir unsere Umgebung mit ein: Was entdecken wir in unserem Garten? Was hat sich in ihm verändert?

Als Abschluss passt ein kleiner Vers, zum Beispiel:

*Heute freue ich mich so!*
*Und weißt du denn auch, wieso?*
*Ich freu mich über den Sonnenschein:*
*Er hüllt die Erde mit Wärme ein.*

Und dann heißt es: sausen, toben, klettern, im Sand buddeln, auf dem Baumstamm balancieren oder durch das Gras krabbeln!

## Der Morgenkreis an Fest- und Feiertagen

Feste sind für kleine Kinder oft besonders anstrengende Tage. Erwachsene, die sich auf das Ereignis freuen, begeistert Vorbereitungen treffen und ihre eigene Aufregung oder Anspannung auf die Kinder übertragen, verlieren oft den Blick dafür, was den Kleinen gut tut und was sie verkraften können.

Bedenkt man, wie viel Neues den Kleinen Tag für Tag begegnet, wie viel sie ständig lernen und verarbeiten müssen, welchen Belastungen sie oft ausgesetzt sind, dann wird man verstehen, dass der Alltag für die Jüngsten genug „Besonderes" bietet und deshalb Feste nur in sehr reduzierter Form sinnvoll für sie sind.

Wenn bei einer „wilden Faschingsfete" mancher sich weigert, sich zu verkleiden und andere verloren in der tanzenden Menge stehen oder sich in die Ecke mit den Bauklötzen zurückziehen, ist das Hinweis genug, dass auch hier gilt: Weniger ist mehr!

Damit Feste allen – aber vor allem den Kindern – Freude machen, sollten wir uns in Dekoration und Angeboten beschränken. Immer wieder sollte es „Inseln" geben (sowohl räumlich wie zeitlich), die den Kindern vertraut sind und wo sie zur Ruhe kommen können.

Solch eine „Insel" kann auch ein ganz normaler Morgenkreis sein, in dem zum Schluss darauf hingewiesen wird, dass wir später zusammen feiern wollen.

Da die Gruppen in Kinderkrippen aber sehr unterschiedlich sind, finden Sie auch in diesem Abschnitt einige Anregungen, die sie beliebig variieren können.

Gerade die Faschings- und die Adventszeit erstrecken sich über eine längere Phase, bis dann ein Fest den Abschluss bildet. In den Tagen davor haben wir meist Zeit für etwas, was aus dem Rahmen fällt. Wird dies Tag für Tag wiederholt (zum Beispiel der Besuch des Kasperls im Fasching), wird es zum Ritual in dieser aufregenden Zeit, das Kindern vertraut wird und in dem sie sich sicher fühlen.

## Ein Geburtstag-Morgenkreis

Wie aufgeregt kommen viele unserer Kinder in die Krippe, wenn sie Geburtstag haben!

Natürlich feiern wir auch in unserer Gruppe dieses besondere Ereignis mit Geburtstagskerzen, einem Geburtstagslied und einem Geschenk, einer Krone und einem Festtagsmahl.

Manche Kinder genießen es, den ganzen Tag im Mittelpunkt zu stehen, andere mögen es gar nicht, wenn sich plötzlich alles um sie dreht.

Unser Morgenkreis an einem Geburtstag beginnt so, wie es die Kinder gewöhnt sind: wir begrüßen uns, singen ein Lied und sprechen darüber, wer heute fehlt.

Danach erwähnen wir unser Geburtstagskind, wünschen ihm schon einmal alles Gute und fragen, wie alt es geworden ist. Dann darf sich unser „Ehrengast“ ein Lied oder ein Fingerspiel wünschen.

Die eigentliche Feier mit Geburtstagsständchen und Geschenkeauspacken findet dann im Rahmen unseres „Festmahls“ statt (vom Geburtstagskind mitgebracht oder von uns vorbereitet – zum Beispiel ein von den Kindern gebackener Kuchen).

Unser Lieblingsgeburtstagslied, bei dem sich das Geburtstagskind aussucht, wer Hahn, Eichhörnchen und Hase spielt, ist das bekannte „Kräht der Hahn früh am Tag“.

Text: Paula Dehmel, Musik: Ingrid Gnettner

2. Guckt das Eichhörnchen runter:
   Wenig Zeit, wenig Zeit!
   Guten Morgen ...

3. Kommt das Häschen gesprungen,
   macht Männchen vor Freud:
   Guten Morgen ...

4. Steht der Kuchen auf dem Tische,
   macht sich dick, macht sich breit:
   Guten Morgen ...

5. Und der Vater und die Mutter,
   alle Kinder, alle Leut
   rufen: Hoch der Jonas!
   Sein Geburtstag ist heut.

## Ein Morgenkreis im Fasching

Im Fasching besucht uns im Morgenkreis der Kasperl – als Hand- oder Fingerpuppe.

Wenn alle Kinder aufmerksam sind, erzählt der Erwachsene, dass er heute jemanden mitgebracht hat. Die Kinder sind natürlich sehr neugierig und sie stimmen zu, dass auch unser „Besuch" mit unserem Begrüßungslied willkommen geheißen wird.

Der Erwachsene holt den Kasperl aus seinem Versteck, der sich wahrscheinlich beschwert, dass er so lange warten musste, und nun unbedingt und dringend und sofort das Lied hören will (und darin auch seinen eigenen Namen).

Wir singen unser Begrüßungslied, und darin kommt natürlich auch der Kasperl vor!

Dass der Kasperl für allerlei Quatsch zuständig ist, wissen die meisten Kinder. Viele werden sich sofort mit ihm unterhalten und ihn berühren wollen.

Dass Faxen so etwa das gleiche sind wie Quatsch, vor allem aber Grimassen schneiden, müssen wir den Kindern erst erklären.

Wir sprechen gemeinsam den einfachen Vers:

*Fasching, sagt der Kasperl heute,*
*ist nur was für lustige Leute.*
*Und damit man's sehen kann,*
*fangen wir mit Faxen an.*

*Fasching, sagt der Kasperl heute,*
*ist nur was für lustige Leute.*
*Und damit man's hören kann,*
*fangen wir zu klatschen (lachen, pfeifen ...) an.*

*Fasching, sagt der Kasperl heute,*
*ist nur was für lustige Leute.*
*Und damit man's fühlen kann,*
*fangen wir zu kitzeln an.*

*Fasching, sagt der Kasperl heute,*
*ist nur was für lustige Leute.*
*Und damit man's sehen kann,*
*malen wir uns die Nase an!*

Zum Schluss malt sich jeder, der will, eine bunte Nase an (sie muss nicht unbedingt rot sein!). Wir können das im Kreis oder vor dem Spiegel tun. Manche Kinder möchten – wenn überhaupt –, dass der Erwachsene sie bemalt. Vielleicht malen sich auch zwei Freunde gegenseitig an?

Zu unserem Faschings-Morgenkreis passen natürlich das altbekannte „Aramsamsam", das wohl alle Kleinen lieben (und bei dem der Kasperl selbstverständlich besonders übermütig mitmacht!), und ein einfaches Tanzlied:

Text und Musik: Ingrid Gnettner

Sind die Kinder verkleidet, können wir statt des Namens auch das Kostüm nennen: „Eine/r tanzt bei uns im Kreis, und das ist heut die Prinzessin / der Tiger" usw.

## Ein Morgenkreis im Advent

Die Zeit vor Weihnachten ist geheimnisvoll – auch in der Kinderkrippe. An uns Erwachsenen liegt es, ob wir sie hektisch und anstrengend gestalten, voller Termine und Verpflichtungen, oder ob wir sie gemeinsam mit den Kindern mit viel Zeit und Ruhe erleben und genießen.

Der Adventskranz, der im Morgenkreis in unserer Mitte steht, oder eine Kerze, die wir im Kreis anzünden, schaffen einen Raum, in dem sich weihnachtlicher Zauber entfalten kann.

Manchmal genügt es schon, zu den Klängen eines Glockenspiels oder einer Tischharfe für ein paar Augenblicke miteinander still zu sein, um zu spüren, dass eine besondere Zeit gekommen ist.

In den folgenden Wochen ersetzen wir das sonst übliche Begrüßungslied durch unser Adventskranzlied:

Text und Musik: Ingrid Gnettner

Am Montag nach dem 1. Advent sehen die Kinder zum ersten Mal unseren Kranz. Vielen Kindern ist ein solcher von zu Hause vertraut, und sie haben schon am Sonntag in der Familie die erste Kerze angezündet. In einem kurzen Gespräch gehen wir darauf ein und wir betrachten unseren eigenen Kranz, benennen die Farben der Kerzen und Bänder und entdecken die Dekoration auf den Zweigen.

Ein besonderes Ritual ist es, wenn wir in jedem Jahr wieder einen eigenen Kranz für unsere Gruppe binden. Die Kinder lieben es, dem Erwachsenen bei seinem Tun zuzusehen, ihm Zweige zu reichen, Kerzen und Schleifen auszusuchen und das Wachsen und Werden zu erleben. In diesem Fall ist der Adventskranz am Montag nichts „Neues“ mehr – aber endlich dürfen wir die erste Kerze auf „unserem“ Kranz anzünden!

Auch in der Vorweihnachtszeit darf eine Begrüßung mit Namen selbstverständlich nicht fehlen.

Wir verwenden dazu ein Instrument (Glockenstab, Triangel, Fingerzimbeln o. Ä.), das im Kreis herum wandert. Wir begrüßen jedes Kind einzeln mit seinem Namen. Es spielt kurz auf dem Instrument und reicht es weiter an den Nächsten.

Nicht für jeden Tag gedacht und auch nicht für jede Gruppe geeignet ist unser „Kerzenkreis“:

Wenn wir es unserer Gruppe zutrauen, können wir – mit der Unterstützung eines Erwachsenen – ein Teelicht oder eine kleine Kerze in einem Glas herumreichen. Ein ruhiges Lied begleitet diese Runde:

Text und Musik: Ingrid Gnettner

Auch wenn wir für die Kinder die Adventszeit als eine besondere Zeit gestalten wollen, sollten wir auch hier nicht alles „Alltägliche" und Vertraute ersetzen und sie mit Besonderem überschütten.

Die schönsten Geschenke in diesen Tagen vor Weihnachten (und nicht nur dann!) sind ohnehin Zeit und Zuneigung!

## Ein Apfelfest – zum Beispiel

Manchmal ist es an der Zeit, ein ganz eigenes kleines Fest zu feiern, das nicht im Kalender steht.

Die Früchte unseres Apfelbaumes im Garten sind reif, oder eine Mutter hat uns einen Korb voller Äpfel geschenkt. Ein Grund zum Feiern!

Nach unserer Begrüßung reichen wir – verdeckt im Körbchen zum Fühlen oder offen von Hand zu Hand – einen Apfel im Kreis herum.
Wir nehmen wahr, wie er aussieht, wie er sich anfühlt und wie er riecht.

Wir singen zusammen das Lied vom kleinen Apfel:

*In meinem kleinen Apfel, da sieht es lustig aus,*
*es sind darin fünf Stübchen, grad wie in einem Haus.*

Natürlich wollen wir auch nachsehen, wo die Kerne wohnen. Wenn wir den Apfel nicht wie sonst üblich, sondern quer aufschneiden, sehen wir deutlich das Kernhaus, einen fünfzackigen Stern. Nach genauer Betrachtung teilt der Erwachsene den Apfel in kleine Stücke, und jeder darf probieren.

Vom Vorschlag, den heutigen Tag zum Apfel-Festtag zu erklären, sind die Kinder sicher begeistert.
Wir backen Apfelkuchen oder kochen Apfelmus. Die geschälten Apfelstücke in dicke Scheiben zu schneiden, gelingt auch den Kleinen schon.
Wir erzählen die Geschichte von „Hänschen Apfelkern“ oder schauen das Bilderbuch vom „Apfelmäuschen“ an.
Wir singen: „Liebe Lisa tanz mit mir, einen Apfel schenk ich dir.“ Als Tanzlied variieren wir das bekannte „Brüderchen, komm, tanz mit mir“.

Ein Kind bekommt in jede Hand einen Apfel. Es fordert ein anderes Kind zum Tanzen auf und reicht ihm einen der Äpfel. Die Kinder bewegen sich hier frei, das heißt sie fassen sich nicht an den Händen.

Wollen wir gleich mit der ganzen Gruppe tanzen, bekommt die Hälfte der Kinder ein Apfelpaar. Jeder sucht sich einen Tanzpartner und überreicht ihm sein „Geschenk“.

In ähnlicher Weise können wir ein Kartoffelfest, ein Blumenfest, ein Baumfest und viele andere feiern!

# Kapitel 5
# Ideen-Schatzkiste für unseren Morgenkreis

Auf den folgenden Seiten finden Sie eine vielfältige Auswahl von „Bausteinen".

Sie können die Ideen in Ihr eigenes bestehendes Material integrieren oder sich einen neuen Schatz damit zulegen.

Ob Sie bekannte Kinderlieder mit eigenen Texten unterlegen oder sich einfache Melodien überlegen, aus denen beispielsweise ein Morgenlied entstehen kann – ich freue mich, wenn Sie meine Anregungen für Ihre eigene Situation aufgreifen!

Trotzdem möchte ich Sie noch einmal daran erinnern, den Kleinsten nicht zu viel anzubieten.

Einige wenige Texte und Lieder, die durch Nachahmung und Wiederholung verinnerlicht werden, sind wertvoller als ein großes Repertoire, von dem bei den Kindern nichts hängen bleibt, wenn sie nicht genügend Zeit und Ruhe haben, um mit dem Neuen vertraut zu werden.

Ein zu großes Angebot überfordert die Kinder und wirkt dem Lernen entgegen. Es kann sie sogar entmutigen und die Freude an Neuem, die in jedem Kind steckt, zerstören.

Also noch einmal:

***Weniger ist mehr!***

# Lieder zum Spielen, Tanzen und Bewegen

## Begrüßungslieder mit Namen

Wir wiederholen diese kurzen Lieder so lange, bis alle – Kinder und Erwachsene – begrüßt sind.

Text und Musik: Ingrid Gnettner

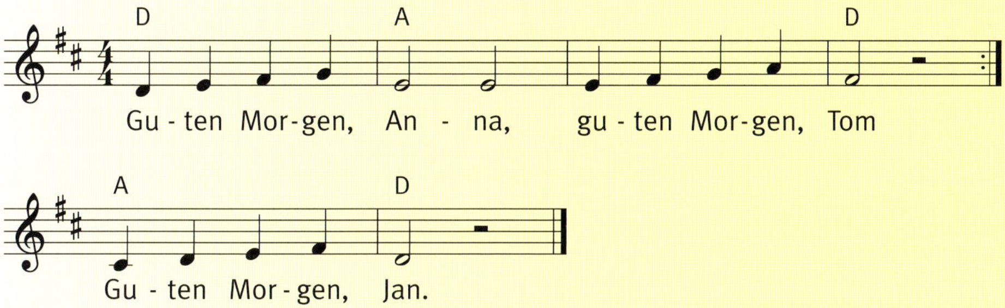


Wird das Lied zu lang, wenn wir für jedes Kind „Guten Morgen“ singen, können wir auch – außer im ersten Takt – nur die Namen hintereinander singen, zum Beispiel:

Text und Musik: Ingrid Gnettner

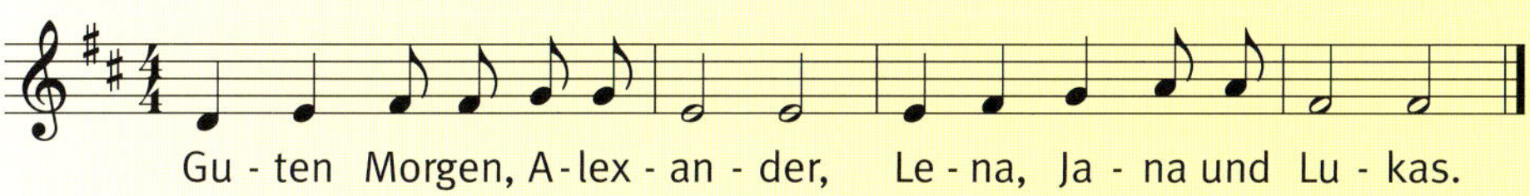


Dabei sollten wir die Namen aber langsam, deutlich und bewusst singen, damit jedes Kind sich hört und angesprochen fühlt. Zusätzlich können wir auf das jeweilige Kind zeigen oder ihm zuwinken.

Text und Musik: Ingrid Gnettner

Das folgende Lied mit einer wiegenden Melodie passt gut, wenn die Kinder noch ein bisschen müde sind:

Text und Musik: Ingrid Gnettner

Für unsere schon in aller Früh sehr aktiven Kleinen ist dieses Lied gedacht:

Text und Musik: Ingrid Gnettner

Die nächsten Kinder winken, stampfen, hüpfen, drehen sich, miauen, bellen ...

## Begrüßungslieder ohne Namen

Ohne die Kinder namentlich anzusprechen, können wir auf die Melodie von „Bruder Jakob" (die sich wunderbar für viele Variationen eignet) den folgenden Text singen und mit vielen Bewegungen begleiten:

*Guten Morgen, ihr Großen und ihr Kleinen,*
*guten Morgen, alle miteinander!*
*Wir klatschen in die Hände und stampfen mit den Füßen*
*und reichen uns die Hand, und reichen uns die Hand.*

Am Anfang winken wir, strecken uns und kauern uns zusammen. Wir klatschen und stampfen und fassen uns zum Schluss an den Händen und wünschen uns noch einmal gemeinsam „Guten Morgen!"

Angelehnt an die Melodie von „Brüderchen, komm, tanz mit mir“ singen wir:

*Guten Morgen, aufgewacht! Augen, Ohren aufgemacht!*
*Arme strecken, Beine auch, wackelt doch mal mit dem Bauch!*

Ein Lieblingslied wurde bald „Hallo und guten Morgen“.
Unsere Begrüßung wandert hier mit viel Bewegung durch den ganzen Körper, und die Kinder bringen eigene Ideen ein. In den nächsten Strophen stampfen wir, wackeln mit dem Po, zupfen an den Ohren usw.

Text und Musik: Ingrid Gnettner

## Lieder im Jahreslauf

Am Beginn einer jeden Jahreszeit (die inzwischen nicht mehr unbedingt mit dem Kalender übereinstimmen muss), kann uns ein Ritual begleiten, das die alte Jahreszeit verabschiedet und die neue begrüßt. Ein einfaches Lied (angelehnt an die erste Strophe des alten Kinderliedes „A, a, a, der Winter, der ist da“), passt hier gut.

*Trarira, der Frühling, der ist da! Ja, der Winter ist vergangen,*
*Frühling, der hat angefangen. Trarira, der Frühling der ist da!*

Im Sommer verabschieden wir den Frühling, im Herbst den Sommer, im Winter den Herbst. Auf diese Weise binden wir uns in kleinen Schritten in den Jahreslauf ein.

## Der Winter ist noch nicht vorbei

Text und Musik: Ingrid Gnettner

2. … doch singen laut die Vögel bald …
3. … doch blühen bald die Krokusse …
4. … doch wärmt die Sonne uns schon mehr …
5. … doch bald brauch ich den Schal nicht mehr …

Wenn wir unseren Morgenkreis im Frühling draußen gestalten, machen wir uns nach einem Begrüßungslied – bei kühlerem Wetter stehen wir dazu im Kreis – als Frühlingsschlange auf Entdeckungsreise durch unseren Garten. Wir fassen uns dabei an den Händen.

# Die Frühlingsschlange

Text und Musik: Ingrid Gnettner

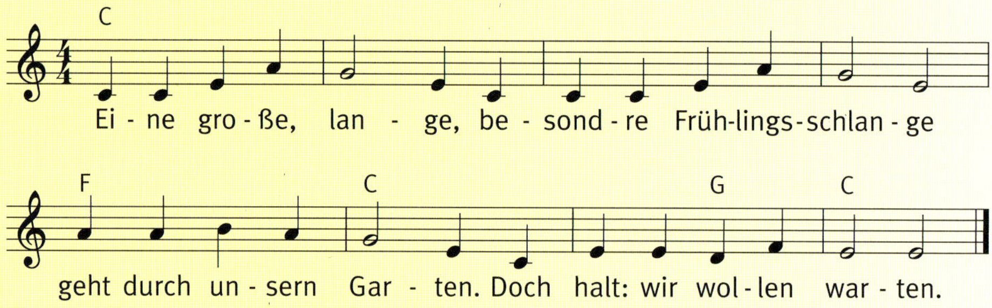


Jedes Mal wenn wir stehen bleiben und warten, schauen wir uns um, und eines der Kinder weist uns auf etwas hin, was ihm auffällt: die Knospen an den Bäumen, eine Blume, vielleicht auch eine Wolke am Himmel, aber auch ein vergessenes Spielzeug auf der Wiese.

Da unsere Schlange nicht nur aufmerksame Augen hat, sondern auch gute Ohren und eine feine Nase, kommen die Beobachtungen aus verschiedenen Sinnesbereichen. Das Fühlen lassen wir in diesem Fall beiseite – ist die Schlange erst einmal aufgelöst, weil alle Kinder tasten und spüren wollen, wird sie nur schwer wieder in Gang kommen.

Selbstverständlich kann unsere Frühlingsschlange im Jahreslauf auch zur Sommer-, Herbst- oder Winterschlange werden.

Nicht nur singend, sondern auch tanzend begrüßen wir den Frühling. In unserem Lied heißt es entweder „Wir sausen durch den Frühlingswind…" oder „Wir tanzen / hüpfen heut im Frühlingswind…"

## Frühlingskinder

Text und Musik: Ingrid Gnettner

# Sommer

Text und Musik: Ingrid Gnettner

# Was der Herbst uns schenkt

Text und Musik: Ingrid Gnettner

2. ... er schenkt uns Korn ...
3. ... er schenkt uns einen Kürbis ...
4. ... er schenkt uns Blumen ...
5. ... er schenkt uns Eicheln ...

# Schneeflocken fallen leise

Text und Musik: Ingrid Gnettner

2. Sie fallen auf die Bäume,
   auf Wiesen und auf Zäune,
   sie funkeln wie ein Edelstein
   im hellen Sonnenschein.

3. Doch kann ich sie nicht halten,
   die feinen, weißen, kalten,
   die zarten Himmelsflocken:
   sie schmelzen in der Hand.

## Lieblingslieder

Lieblingslieder sind den Kindern so wichtig, dass sie sie sich ständig wünschen. Sie sind ihnen so vertraut, dass sie diese Lieder oder Teile davon auch beim Spielen singen.
In jeder Gruppe wird es andere Favoriten geben.

Bei meinen Kindern (in verschiedenen Gruppen) waren es vor allem drei Tierlieder, die ihnen ans Herz gewachsen sind.

# Eine kleine Spinne

Text und Musik: Ingrid Gnettner

Ehe wir zu singen beginnen, erzählt der Erwachsene mit leiser Stimme von der kleinen Spinne: dass sie nicht reden kann, schon gar nicht schreien und sogar nicht einmal flüstern. Aber sie kann wunderschöne Netze spinnen.

Zum Lied spielen wir: Die Finger der einen Hand krabbeln nach oben.
Wir zeigen mit den beiden Zeigefingern, wie dünn der Faden ist.
Pantomimisch stellen wir mit beiden Händen das Klettern auf einer Leiter dar.
Die Finger beider Hände bewegen sich als Regen langsam nach unten.
Wir zerreißen das Netz, in dem wir die Hände (Handflächen liegen anfangs aufeinander) kräftig auseinander ziehen.

Mit beiden Armen beschreiben wir einen Sonnenbogen über dem Kopf, die Strahlen (Arme) sinken nach unten und trocknen die Erde.
Die „Spinne" klettert wieder nach oben (so oft sie will – das heißt : die Kinder es sich wünschen!).

## Zehn kleine Fische

Text und Musik: Ingrid Gnettner

Neun kleine Fische ...
Acht kleine Fische ...
...

Ein kleiner Fisch, der schwamm im Meer,
da kam ein großer Haifisch daher –

(gesprochen:)
*Da sagte der kleine Fisch: „He, du dicker, fetter Haifisch, gib mir sofort meine Freunde zurück, sonst bekommst du´s mit mir zu tun!"*
*Da musste der Haifisch so lachen und husten und prusten, dass er alle Fische wieder ausspuckte.*

Zehn kleine Fische, die schwammen im Meer,
da kam kein großer Haifisch daher,
der öffnet nicht sein Maul und schnappt nicht zu –
da hatten die zehn kleinen Fische endlich Ruh!

Vor vielen Jahren hörte ich zum ersten Mal das Lied von den „10 kleinen Fischen“. Da ich damals weder den Text noch die Noten aufschreiben konnte, veränderte sich das Lied nach und nach in meinem Kopf – und so entstand „unser“ Fischelied.

Vor kurzem erst entdeckte ich das „Original“ bei einer Kollegin wieder. Viel ist von diesem „alten“ Lied nicht geblieben, stellte ich fest. Vor allem endet unser Lied mit dem Sieg des mutigen kleinen Fisches über den Hai – was den Kindern besonders gut gefällt! Die „Großen“ in unserer Gruppe prägten sich den Monolog des „Retters“ schnell ein und übernehmen inzwischen ganz selbständig die Rolle des Sprechers.

## Es tanzt eine Katze

Text und Musik: Ingrid Gnettner

Bei diesem Lied kann man sich ganz leicht zahlreiche Variationen mit anderen Tieren ausdenken.

## Traditionelle Lieder und Spiel- und Tanzlieder

Nur kurz sollen hier noch einmal einige alte Kinderlieder erwähnt werden, die sich unsere Krippenkinder immer wieder wünschen und die von Generation zu Generation überliefert wurden:

- Alle meine Entchen
- Hopp, hopp, hopp – Pferdchen, lauf Galopp
- Kuckuck, Kuckuck
- Wer will fleißige Handwerker sehn
- Kommt ein Vogel geflogen
- Alle Vögel sind schon da
- Backe, backe Kuchen
- Es tanzt ein Bi-ba-butzemann
- Ringel, Ringel, Reihe
- Brüderchen, komm, tanz mit mir
- Häschen in der Grube

# Finger- und Bewegungsspiele, kleine Verse und Gedichte

## Gedichte und Verse zu Jahreszeiten, Natur und Wetter

Diese kleinen Verse prägen sich in kurzer Zeit ein. Sie eignen sich nicht nur für den Morgenkreis, sondern auch für zwischendurch, beim Warten, vor dem Hinausgehen in den Garten oder um die Aufmerksamkeit der Kinder zu wecken.

Auch Gedichte können als Fingerspiele verwendet werden oder – vor allem, wenn sie länger sind – als kleine Geschichten vorgelesen werden.

Werden die Gedichte mit Gestik und Mimik unterstützt und mit ausdrucksstarker Sprachmelodie vorgetragen, sind auch die Kleinsten mit großer Aufmerksamkeit und mit viel Spaß dabei!

### Frühling

***Die ersten Frühlingszeichen***

*Es spitzt was aus der Erde!*
*Hast du es schon gesehn?*
*Doch muss, damit es Frühling werde,*
*der kalte Winter erst vergehn.*

***Der Frühling kommt bald***

*Noch gibt es draußen Schnee und Eis,*
*und oft ist mir ganz kalt.*
*Doch hör ich Vögel, und ich weiß:*
*Der Frühling kommt schon bald!*

***Das Eis tropft***

*Endlich schmilzt der letzte Schnee,
und das Eis tropft von dem Dach.
In der warmen Frühlingssonne
werden alle Knospen wach.*

***Die Tulpe***

*Dunkel
war alles und Nacht.
In der Erde tief
die Zwiebel schlief,
die braune.*

*Was ist das für ein Gemunkel,
was ist das für ein Geraune?
dachte die Zwiebel,
plötzlich erwacht.
Was singen die Vögel da droben
und jauchzen und toben?*

*Von Neugier gepackt,
hat die Zwiebel einen langen Hals gemacht
und um sich geblickt
mit einem hübschen Tulpengesicht.*

*Da hat ihr der Frühling entgegengelacht.*

*Josef Guggenmos*

***Tschüss, Herr Winter***
*Du warst bei uns schon lange;*
*kannst du nicht endlich gehn?*
*Wir sagen: „Tschüss, Herr Winter!*
*Wir wolln den Frühling sehn!"*

*Ein bisschen warm, ein bisschen hell*
*und keinen kalten Wind –*
*das wünscht sich hier in unserm Kreis*
*doch wirklich jedes Kind!*

## Sommer

***Sommertag***
*Wenn ich auf der Wiese liege*
*und ganz weit nach oben schau,*
*seh ich kleine weiße Wolken*
*und ein großes Himmelblau.*

***Spätsommer***
*Liebe Sonne, schick die Strahlen*
*zu den gelben Sommerblüten,*
*denn sie wollen ja dein Leuchten*
*für den Winter uns behüten.*

***Sonne***
*Guten Morgen, Sonnenschein,*
*schau doch in mein Haus herein.*
*Kitzel mich und streichel mich –*
*liebe Sonne, ich mag dich.*

## Herbst

***Herbstreise***
*Von einem großen Baume*
*da schweben Blätter leise*
*herab zum Boden. Und der Wind*
*nimmt mit sie auf die Reise.*

***Herbstwind***
*Noch hängt der Baum mit Blättern voll*
*und winkt nur ab und zu.*
*Doch bläst der Herbstwind gar zu toll,*
*dann schüttelt es ihn – huu!*

*Jetzt fliegen Blätter hin und her*
*und tanzen mit dem Wind.*
*Sie sinken leise, gar nicht schwer,*
*wenn sie ganz müde sind.*

***Wind***
*Wer ist es, der die Bäume schüttelt?*
*Wer ist's, der an den Fenstern rüttelt?*
*Das hört und sieht doch jedes Kind:*
*der Wind!*

*Wind, Wind, sause!*
*Mach mal eine Pause!*
*Du zaust so wild die Haare mir*
*und rüttelst laut an unsrer Tür!*

***Sturm***
*Huhuhu,*
*macht das Fenster zu!*
*Der Sturm, der bläst um unser Haus*
*mit huu und puu und viel Gebraus.*

***Regentropfen***
*Hörst du, wie die Regentropfen*
*heute an die Fenster klopfen?*
*Doch sind alle Wolken leer,*
*ja, dann regnet es nicht mehr!*

***Schwarze Wolken***
*Schau, da kommen dick und schwer*
*schwarze Wolken mehr und mehr!*
*Bald hörst du den Prasselregen*
*auf den Dächern und den Wegen.*

***Regenspaß***
*Pitsch und patsch und Regenwetter –*
*Sonnenschein wär ja viel netter!*
*Doch uns macht auch Regen Spaß:*
*pitsch und patsch – ich spritz dich nass!*

***Nebel***
*Der Nebel hat die Welt verschluckt.*
*Doch als die Sonne kam,*
*hat er sie wieder ausgespuckt,*
*weil sie die Macht ihm nahm.*

**_Der Wind_**

*In allem Frieden*
*schlief abgeschieden*
*hinter einer Hecke*
*der Wind.*
*Da hat ihn die Spitzmaus,*
*wie Spitzmäuse sind,*
*ins Ohr gezwickt.*
*Der Wind erschrickt,*
*springt auf die Hecke,*
*fuchsteufelswild, brüllt,*
*packt einen Raben beim Kragen,*
*rast querfeldein,*
*ins Dorf hinein,*
*schüttelt einen Birnbaum beim Schopf,*
*reißt den Leuten den Hut vom Kopf,*
*schlägt die Wetterfahne herum,*
*wirft eine Holzhütte um,*
*wirbelt den Staub in die Höhe:*
*Wehe,*
*der Wind ist los!*
*Aber wo ist die Spitzmaus?*
*In ihrem Kellerhaus*
*Dreht sie die Daumen im Schoß,*
*zufrieden und faul,*
*und grinst*
*mit ihrem frechen Maul.*

*Josef Guggenmos*

***Verhüllung***
*Der Nebel hüllt die ganze Welt*
*sanft unter weiche Decken.*
*Wenn Sonne durch die Wolken fällt,*
*wird sie sie wieder wecken.*

***Schlechtes Wetter?***
*Sieh dir nur das Wetter an!*
*Was man heut wohl machen kann?*
*Drinnen, draußen – einerlei,*
*weil ich mich auf's Spielen freu!*

## Winter

***Winterkälte***
*Kinder, Kinder,*
*ist das ein kalter Winter!*
*Nase und auch Ohren*
*sind schon fast gefroren!*

***Wintersonne***
*Auch im Winter scheint die Sonne,*
*schenkt uns ihre Strahlen,*
*die durchs Fenster auf den Boden*
*helle Flecken für uns malen!*

***Schnee***

*Es schneit, es schneit!*
*Jetzt ist es schon so weit!*
*Schau, die Flocken fallen*
*aus den Wolken allen!*

*Es schneit, es schneit!*
*Der Winter ist bereit.*
*Die Sonne hat sich jetzt versteckt.*
*Die Erde ist bald zugedeckt.*

*Der Schnee, der Schnee,*
*der tut uns gar nicht weh,*
*weil er ganz sanft hernieder fällt*
*als weiche Decke für die Welt.*

## Verse zur Achtsamkeit

***Achtsam sein***

*Für die kleinen Tiere bist du*
*ja ein großer, wilder Riese!*
*Darum geh ein bisschen achtsam*
*über ihre grüne Wiese.*

***Leise sein***

*Du großes, lautes Menschenkind!*
*Nur wenn du mal ganz leise bist,*
*hörst du, dass da noch andre sind:*
*die Kleinen, die man sonst vergisst!*
(Wir lauschen den Tieren durch das geöffnete Fenster oder im Garten.)

***Den eigenen Körper spüren***

*Mach doch mal deine Augen zu,*
*lass nur die Ohren hören:*
*und lass bei jedem kleinen Laut*
*von niemandem dich stören.*

*Wer ist denn heut noch müde?*
*Die Augen sind ganz schwer?*
*Dann blinzle mal und reibe sie:*
*Jetzt siehst du schon viel mehr!*

*Frierst du heute? Ist dir kalt?*
*Warte, das vergeht schon bald:*
*Reibe kräftig deine Hände,*
*und das Frieren ist zu Ende!*

## Finger- und Bewegungsspiele

***Guten Morgen, liebe Augen***

*Guten Morgen, liebe Augen,*
*liebe Ohren, lieber Mund,*
*guten Morgen, liebe Schultern,*
*lieber Bauch, so kugelrund.*

*Guten Morgen, liebe Hände,*
*liebe Füße, liebe Knie,*
*auch den Po, auf dem ich sitze,*
*den vergesse ich doch nie.*

*Guten Morgen, liebe Leute –*
*so begrüßen wir uns heute!*

Wir zeigen auf unsere Augen, die Ohren und den Mund. Wir zucken die Schultern und streicheln unseren Bauch. Wir reiben die Hände, berühren die Füße und die Knie. Wir stehen kurz auf und streicheln unseren Po. Zum Schluss reichen wir uns die Hände und sagen noch einmal: „Guten Morgen!"

***Morgens früh***

*Morgens schon in aller Früh*
*kräht der Hahn: „Kikeriki!"*
*Schau, die Katze streckt sich – „miau!"*
*und der Hund, der reckt sich – „wau wau!"*
*Drin im Stall, da ruft die Kuh*
*nach dem Bauern: „Muh, muh, muh!"*
*Alle Hühner scharren froh*
*zwischen Körnern, Gras und Stroh.*

Als Hahn krähen wir nicht nur, sondern schlagen auch mit den Flügeln, als Katze und Hund räkeln wir uns nach allen Seiten, und als Hühner kratzen wir über den Boden oder auf unseren Beinen.

***Meine Hände bauen ein Dach***

*Meine Hände*
*bauen ein Dach*
*und einen Tisch.*

*Sie fliegen wie ein Vogel*
*und schwimmen wie ein Fisch.*

*Sie sind meine Brille*
*und mein Fensterbrett,*
*meine Mütze mit Schirm*
*und mein Kissen im Bett.*

*Sie sind mein Blatt*
*und mein Pinsel dazu.*

*Will ich nichts mehr sehen,*
*decken sie sacht,*
*als wäre es Nacht,*
*meine Augen zu.*

Wir stellen mit den Händen Dach und Tisch dar und bewegen sie wie Vogel und Fisch.
Wir legen Daumen und Zeigefinger beider Hände als runde Brille an die Augen.
Als Fensterbrett legen wir die Unterarme unters Kinn.
Wir legen die Hand wie einen Schirm an die Stirn und legen dann den Kopf auf die aneinander gelegten Handflächen.

Die flache Hand ist unser Zeichenblatt, der Zeigefinger der anderen Hand malt darauf.
Zum Schluss verstecken wir unsere Augen hinter den Handflächen.

***Die Krachmacher***
*Der Daumen ruft: Guten Morgen! Hallo!*
*Der Zeigefinger fragt: Wie geht es euch so?*
*Der Mittelfinger sagt: Ein schöner Tag ist heut!*
*Der Ringfinger fragt: Habt ihr grade Zeit?*
*Der kleine Finger ist auch schon wach*
*und ruft: Kommt, wir machen alle Krach!*

Es wird mit dem jeweiligen Finger gewackelt, oder der Zeigefinger tippt auf den entsprechenden Finger der anderen Hand. Zum Schluss trommelt die ganze Hand kräftig auf den Tisch / den Boden / den Oberschenkel.

***Der Zwerg***
*Es war einmal ein kleiner Zwerg,*
*der saß auf einem hohen Berg.*
*Er schlief und schlief die ganze Nacht.*

*Ist er wohl aufgewacht*
*am Morgen beim Sonnenschein?*
*Ach nein!*

*Er ist erst aufgewacht,*
*als es regnet*
*und donnert*
*und kracht!*

Den Zwerg deuten wir mit einer Zipfelmütze (den Handflächen) auf unserem Kopf an, den hohen Berg malen wir mit dem Zeigefinger in die Luft. Zum Schlafen legen wir den Kopf auf die gefalteten Handflächen.

Für den Sonnenschein breiten wir die Arme weit über unserem Kopf im Halbkreis aus.

Wir schütteln den Kopf, lassen als Regen die Finger von oben nach unten zappeln, donnern mit den Fäusten auf den Boden und klatschen schließlich kräftig in die Hände.

## Tierische Verse

***Der Fisch im Meer***

*Ein Fisch im Meer schwimmt hin und her,*
*dort kann es ihm gefallen.*
*Mit runden Augen schaut er an*
*die Muscheln und Korallen.*

*Josef Guggenmos*

***Die Eule***

*Die Eule wacht in tiefer Nacht,*
*mit großen Augen gibt sie acht,*
*hört jedes Wispern, noch so leis,*
*und weiß gar viel, was ich nicht weiß.*

*Josef Guggenmos*

***Die Krähe***

*Die Krähe trägt ein schwarzes Kleid*
*jahrein, jahraus und alle Zeit.*
*Tagtäglich krächzt sie: „Ich bin da!“*
*mit krähenschwarzem Krah-Krah-Krah.*

*Josef Guggenmos*

# Quellen

S. 53: Grüner Igel, © Christa Wißkirchen

S. 60: Kräht der Hahn, Text: Paula Dehmel; Musik: Ingrid Gnettner
© Bärenreiter-Verlag, Kassel

S. 88: Der Wind, aus: Josef Guggenmoos, Ich will dir was verraten
© 1990 Beltz + Gelberg in der Verlagsgruppe Beltz, Weinheim + Basel

S. 84, 95: Die Tulpe, Die Eule, Die Krähe, aus: Josef Guggenmoos, Groß ist die Welt
© 2006 Beltz + Gelberg in der Verlagsgruppe Beltz, Weinheim + Basel

S. 95: Der Fisch im Meer, aus: Josef Guggenmoos, Was denkt die Maus am Donnerstag?
© 1998 Beltz + Gelberg in der Verlagsgruppe Beltz, Weinheim + Basel

## Für die Betreuung der Kleinsten

Edith Ostermayer
**Start in die Kinderkrippe**
ISBN 978-3-7698-1839-0

Ingrid Gnettner
**Mit Händen und Füßen will ich den Tag begrüßen**
ISBN 978-3-7698-1840-6

Elke Gulden/Bettina Scheer
**Ich spiel laut, ich spiel leis**
ISBN 978-3-7698-1837-6